그래서 한국인

그래서 한국인

1판 1쇄 펴낸날 2018년 3월 30일

지은이 이상현

펴낸이 서채윤 펴낸곳 채륜
책만듦이 김미정 책꾸밈이 이한희

등록 2011년 9월 05일(제2011-43호)
주소 서울시 광진구 자양로 214, 2층(구의동)
대표전화 02-465-4650 팩스 02-6080-0707
E-mail book@chaeryun.com Homepage www.chaeryun.com

ⓒ 이상현. 2018
ⓒ 채륜서. 2018. published in Korea

책값은 뒤표지에 있습니다.
ISBN 979-11-85401-34-8 03300

이 도서의 국립중앙도서관 출판예정도서목록(CIP)은 서지정보유통지원시스템 홈페이지(http://seoji.
nl.go.kr)와 국가자료공동목록시스템(http://www.nl.go.kr/kolisnet)에서 이용하실 수 있습니다.
(CIP제어번호 : CIP2018008703)

채륜서(인문), 앤길(사회), 띠움(예술)은 채륜(학술)에 뿌리를 두고 자란 가지입니다.
물과 햇빛이 되어주시면 편하게 쉴 수 있는 그늘을 만들어 드리겠습니다.

그래서
한국인

이상현

채륜서

우리는 한국인

일하지 않는 자 먹지도 말라!

개인적으로 이 말을 좋아하지 않습니다. 노는 사람은 왜 먹지도 못하나요? 돈이 많은 사람들은 좀 놀았으면 좋겠어요. 생각해보세요. 한국의 재벌은 얼마나 부자인가요. 그런데도 이상하게 온 가족이 모두 생활전선에 뛰어들어 돈을 법니다. 생각하면 정말 이상한 가족이 한국의 재벌입니다. 저는 진심으로 그들이 일 좀 그만하고, 돈 좀 그만 벌고, 놀았으면 좋겠습니다.

놀고 싶은 마음의 출발점은 사실 제 유년시절입니다. 저는 과학자가 되고 싶었습니다. 과학자는 나무를 톱으로 썰어보기도 하고 밤하늘의 별을 쫓아 돌아다니기도 하니 재미있을 것 같았습니다. 그런데 누군가 "왜 과학자가 되려고 해?" 물으면, 사회에 도움이 되는 걸 발명하고 싶다고 말했습니다. 말하고 보니 과학자라는 직업이 갑자기 너무 딱딱하게 느껴졌습니다. 과학자가 되고 싶은 소망은 곧 사라졌습니다. 차라리 이렇게 대답했으면 저는 과학자가 되었을지도 모릅니다. "하늘의 별을 보세요. 아름답지 않으세요? 저는 저 별의 신비로움이 궁금해요." 그런데, 누구도 그렇게 대답하지 않았습니다. 요즘 아이들도 다르지 않다고 하더군요. 어찌 보면 아이들의 태도는 한국인의 사유방식에 뿌리를 두고 있습니다. 부모에게서 자식에게로 전해지는 유전이지요. 한국인은 보이지 않는 진리보다 눈에 보이는 대상에 관심이 많습니다. 사실 과학자는 철학자와 비슷합니다. 우주의 질서와 진리를 탐구하기 때문입니다. 그런데 우리는 과학자가 찾은 원리로 만들어진 물건에만 관심을 둡니다. 대한민국에서 기초과학이 발전하기 힘든 까닭입니다.

이런 태도는 대인관계에서도 그대로 드러납니다. 한국인은 사람을 만나면 그 사람의 외모에 관심을 둡니다. 그 사람의 성격이나 매력이 무엇인지는 나중 문제입니다. 그래서 그 사람이 어떤 차를 타는지, 무슨 옷을 입었는지, 화장품은 무엇을 썼는지에 관심이 많습니다. 그래서 한국인은 사람을 평등하게 대하는 데 익숙하지 않습니다. 이를테면, 그 사람의 물적 배경에 관심이 큽니다. 그가 서울대학교를 나왔는지 지방대학을 나왔는지가 중요합니다. 부모의 직업은 무엇인지, 고향은 어디인지 뭐 그런 것에 관심이 많지요. 직장도 마찬가지입니다. 그가 재벌기업에 다니는지 아니면 중소기업에 다니는지. 그가 자신의 일을 얼마나 소중하게 여기는지는 그리 중요하지 않습니다. 그래서 우리는 일단 사람을 만나면 누가 더 윗자리를 차지할 수 있는지부터 확인합니다. 마음 아프게도 우리는 결코 평등을 추구하지 않습니다.

한국인의 이 독특한 성향을 이해하려면 한국인이 살

던 집을 보아야 합니다. 집을 잘 살펴보면 한국인이 보입니다. 그들의 행동과 심리를 읽어낼 수 있습니다. 이를테면 한국에는 왜 애완견 문화가 없었는지, 한국인들은 왜 찜질방 문화를 만들어 업무 시간에 그리로 숨어드는지, 그러다 밤이 되면 술집에 모여 왜 술잔을 돌리는지, 뭐 그런 것들을 알 수 있습니다. 사람에 따라서는 방탄소년단이 도대체 어떻게 그리 크게 성공할 수 있었는지도 짐작할 수 있을 것입니다.

물론 현실적인 도움이 될 수도 있습니다. 이런 거죠. 정신이 아니라 물적 가치를 추구하는 한국인은 유난히 대국을 닮고 싶어 합니다. 한때는 중국을 닮고 싶어서 스스로를 작은 중국이라고 주장한 적도 있고, 한때는 일본을 닮자고 적극적으로 친일을 주장한 사람도 있습니다. 지금은 미국을 닮아야 한다고 주장합니다. 미국과 하느님을 잘 구분 못하는 사람도 있는 것 같습니다. 그런데 문제는 나는 미국인처럼 살고 싶은데 그게 잘 안 된다는 점입니다. 왜 그럴까요? 그건 바로 한국인이기 때문입니다. 겉모습이 아니라 숨은 성품이 그렇다는 것이겠지요. 그래서 미국인이나 유럽인처럼 살고 싶다면 한국인인 내가 누구인지 먼저 생각해봐야 합니다. 그래야 나를 바꿀 수 있으니까요.

우리는 여전히 자격증이나 발명품처럼 눈에 보이는 성과만을 추구합니다. 성형수술이 일상이 된 것도 이와 무관하지 않습니다. 생각하면, 레이저 광선을 쏘고 우주를 날아다니는 오늘날에도 대한민국 최고의 직업은 여전히 판검사 의사라는 사실이 좀 이상하지 않나요?

이상하지 않다면, 당신은 그래서 한국인입니다.

10장

한국인은 왜 거짓말을 잘할까?

11장

한국인은 보편적 복지에 반대한다

12장

한국에서 성공한다는 것

13장

우리는 왜 겉과 속이 다른가?

집이 다른 한국인

오래 전 이야기다. 그러니까 대학을 졸
업하고 처음 직장생활을 시작했을 무렵, 입사를 하고 며
칠 뒤의 일이다. 신입사원을 위한 회식 자리에서였는데,
한 사내가 내게 잔을 내밀었다. 그는 단지 며칠 전에 나
를 만났고, 아주 잠깐 서로 소개만 했던 사람이었다. 그
낯선 사내가 상사라는 이름으로 내게 잔을 내밀었는데,
그 술잔에는 입에서 묻었을 음식찌꺼기가 붙어 있었다.
그렇다고 그 잔을 거부하지는 않았다. 넙죽 받아 단숨
에 마셔버렸다. 학창시절 학우끼리 나누던 우정의 술잔
이 우리 사회의 보편적인 문화라는 걸 실감하는 순간이
었다. 당시에는 뭔가 익숙하지만 익숙하지 않은 그런 느
낌이었다. 그리고 그런 행위가 한국인만의 독특한 술버
릇이라는 것을 알게 된 것은 시간이 좀 더 지난 뒤였다.
요즘이라면, 위생을 이유로 입에 댄 술잔을 돌리지 않지
만, 얼마 전까지만 해도 그것이 자연스러웠다. 서양 사람
이라면 눈살을 찌푸리며 '어그리'를 외칠지 모르겠지만,
우리에게는 그저 서로의 의리를 키우는 일상이었다. 물
론 이처럼 다른 나라 사람들이 보기에 독특한 습관이

12

남성에게만 있는 것은 아니다. 여성들은 여성들대로 독특한 습관이 있다. 한 예로 한국 여성들은 유난히 손잡고 다니는 걸 좋아한다. 가만히 생각하면 이것도 매우 특이한 일이다. 이 모습이 외국인에게 낯선 이미지라는 것도 나중에야 알았다. '이성도 아닌데 왜 손을 잡지? 혹시 레즈비언?' 이런 궁금증을 품는 외국인도 있다. 돌아보면, 굳이 위에서 든 두 가지 예 이외에도 다른 나라 사람의 눈에 이상한 것들이 한둘이 아니다. 다른 나라 사람에게는 비정상인 상황이 왜 우리에게는 정상적인 상황으로 받아들여지는 걸까? 이 책은 그 물음을 하나씩 풀어가는 과정이다.

나는 기억이다

가끔 대답하기 어렵고 난처한 질문에 아주 쉽게 답을 주는 사람들이 있다. 뇌 과학자들도 그런 부류 중 하나다. 그들은 '나는 누구인가?'라는 쉽지 않은 질문에 '나'는 '기억'이라고 재빠르게 그리고 천연덕스럽게 대답한다. 아닌 게 아니라 생각해 보면 그럴 것도 같다. 기억상실증에라도 걸린다면, 좋아하던 커피향이 무엇인지 좋아하던 꽃말은 무엇인지 애인의 생일은 언제인지 도무지 알 수 없을 테니까. 더 나아가 내가 누구의 자식인지 누구의 아비인지 짐작조차 할 수 없을 테고, 그렇다면 그런 나를 과연 나라고 할 수 있을까? 기억상실증 환자가 나오는 드라마를 본 사람이라면, 이 정도 상상은 한 번쯤 해봤을 것 같다. 그러다 보면 혹시 '나'는 '기억'이 아닐까, 의심이 들기도 한다.

뇌 과학자보다 한술 더 뜨는 사람도 있다. 숫제 기억 '자체'를 생명이라고 주장하기도 한다. 무릇 생명이 있는 것은 무언가를 기억하기 마련이다. 눈앞의 책상이 생명이 아닌 것은 아무 것도 기억하지 못하기 때문이다. 만약 땅에 뿌리를 내리고 하늘을 향해 솟아오르던 아름드리나무 시절을 기억한다면, 우리는 그걸 단순히 책상으로 취급하지 못할 것이다. 뒤뜰에서 만나는 아주 작은 벌레도 무언가를 기억하고, 그 기억을 통해 주변의 자극에 반응한다. 인간은 특히 많은 것을 기억한다. 이렇게 기억을 통해 생명을 파악하려는 철학자가 앙리 베르그송Henri Bergson(1859~1941)이다. 얼마 전 개봉한 영화 〈공각기동대〉가 베르그송 철학을 바탕으로 제작되었다는 사실을 아는 사람은 많지 않다. 영화의 원작은 동명의 일본 만화영화다. 만화의 배경은 컴퓨터가 극단적으로 발달한 미래의 일본이다. 수많은 메모리칩으로 이루어진 컴퓨터가 어느 순간 자기 스스로 기억을 편집한다면 어떤 일이 벌어질까. 이를 자의식이라고 할 수 있을 것이다. 사람이 주체적으로 움직이는 것은 자기에게 주어진 기억들을 자신이 주체적으로 편집하면서 자기를 늘 동일하게 인식할 수 있기 때문이다. 만약에 여러 기억들이 주체적으로 통합되지 않는다면, 정신분열 현상이 벌어질 것이다. 실제 정신분열은 환청이나 환상이 개입하여 스스로 기억을 주체적으로 통합하지 못해서 벌어지는 현상이다. 〈공각기동대〉의 주인공은 스스로 기억을 편집하면서 자의식을 갖게 된 인공지능이다. 이 인조인간이 어느 날 자신이 생명이라는 자각을 하고 독자적인 판단에 따라 행동을 전개하면서, 인간과 불화의 싹을 틔운다. 우연한 교통사고로 인간의 손에 넘어간 인조인간은 기중기에 매달린 채 자신도 생명이니 정당한 대우를 해달라고 요구한다. 그러나 사람들은 자신이 생명이라는 그의 주장을 조롱한다. 이때 컴퓨터는 인간의 비웃음을 이렇게 받아친다. "생명이 무엇인지 인류는 아직 답을 갖고 있지 않다. 그런 점에서 기억이 생명의 조건이라는 주장에 인간이 그렇게 쉽게 반박할 수 없다." 만화영화에서 이렇게 멋진 대사를 듣는다는 것은 기분 좋은 일이다. 아무튼 '기억이 생명이다.'라는 주장에 동의할 수 없는 사람이라도 기억이 인간의 정체성과 밀접하게 관련있다는 사실에는 동의할 수밖에 없다. 이 글은 바로 한국인의 기억에 관한 이야기이다.

내가 영원할 수 있다면

만약에 인간이 영원히 산다면 어떤 일이 벌어질까. 좋은 일인지는 확신할 수 없지만, 요즘처럼 과학이 빨리 발전한다면 불가능할 일도 아닐 것 같다. 영원히 사는 방법 중 하나로 쉽게 떠올릴 수 있는 방법은 몸을 복제하여 거기에 자신의 기억을 복사해 넣는 것이다. 그러면 정말 이 복제품이 '내'가 될 수 있을까? 사람마다 답이 달라지겠지만, 필자의 생각으로는 '내'가 될 수 없다. 몸뚱이를 생물학적으로 복제하든 기계를 통해 복제하든, 그것은 내가 아니다. 그 이유는 기억을 만드는 데 뇌만 작용하는 것이 아니기 때문이다. 기억은 몸뚱이와 긴밀하게 이어져 태어나고 자란다.

2016년 12월 19일자 워싱턴 포스트 인터넷 판에는 흥미로운 기사가 하나 게재됐다. 여자가 아이를 임신하면 몸에 특별한 변화가 생긴다는 논문에 관한 기사였다. 단순히 호르몬이 더 분비되고 살이 찌고 그런 변화가 아니라 뇌에 변화가 생긴다는 내용이었다. 사실 처녀가 어머니가 되면 많은 것이 바뀐다. 크게 웃기도 하고, 게걸스럽게 먹기도 하고, 방귀를 붕붕 뀌기도 하고, 사람들과 대판 싸우기도 하고. 도대체 사람이 왜 그렇게 확 변할까? 태어날 아이를 위해서 여자의 뇌에 변화가 생긴 것이다. 어머니로의 변신은 세상을 대하는 여인의 태도를 바꾸어 버린다. 당연히 세상과의 소통 방법이 바뀌면서, 기억하는 대상과 방법도 바뀐다. 어머니가 된 여자는 본의 아니게 사물을 다른 각도에서 볼 수밖에 없다. 이 논문은 기억이 몸뚱이와 긴밀하게 이어져 있다는 걸 확인해준다. 임신은 남자가 겪을 수 없는 일이니 좀 더 보편적인 예를 들어보자. 누구나 사춘기를 경험한다. 온 몸에 큰 변화가 오는 그때 누구든 전혀 다른 사람이 된 다. 도대체 첫사랑에 빠져들게 하는 열정은 어디에서 나 온 것인지 가늠조차 안 된다. 정말 이 밑도 끝도 없는 경 험은 전에 없던 전혀 새로운 것이다. 늘 보던 소꿉놀이 친구가 갑자기 남자로 보이고 여자로 보이기 시작한다. 그 순간 뇌는 그 이전과 전혀 다른 '여자'나 '남자'에 대 한 기억을 저장하기 시작한다. '사람'이라는 기억이 구체 적인 '여자' 혹은 구체적인 '남자'로 명확하게 구분되어 기억된다. 사춘기, 신체의 변화가 따라주지 않는다면 전 혀 다른 상황이 될 수도 있다. 말하자면 기억은 그렇게 간단하게 설명될 수 있는 것이 아니다.

내 기억의 층위

생각해보면 기억은 몇 개의 층위로 이루어져 있다. 제일 손쉽게 떠올릴 수 있는 기억은 학습을 통한 기억 이지만, 학습은 여러 종류의 기억 원천 중 하나일 뿐이 다. 기억은 학습으로만 생기는 것이 아니다. 무언가를 학습하기 이전에 누구나에게 부여되는 기억이 있다. 이 원초적인 기억을 사람들은 본능이라고 부른다. 자궁에 서 막 빠져나온 간난아이는 어머니 품으로 파고들어 젖 을 빠는데, 이때 아기가 기억하는 부분이 본능이다. 이는 DNA에 프린트된 기억이다. 사춘기의 몸뚱이이든 임신부의 뇌든 기억이 단지 뇌세포의 전기 작용이 아니라는 걸 짐작할 수 있다. 인간의 기억능력과 무관하게, 상황에 따라서 몸뚱이가 기억에 개입할 수 있음을 암시하기 때문이다. 마치 컴퓨터 프로그램의 버그처럼. 그래서 컴퓨터가 아무리 발전해서 기억을 편집한다고 해도 인간과 같아질 수는 없다. 컴퓨터에는 인간의 몸뚱이가 없기 때문이다. 그걸 우리는 본능이라고 할 수밖에 없다. 본능을 우습고 하찮게 보는 이들이 많지만, 인간이 인간인 것은 바로 본능이 있기 때문이다. 〈공각기동대〉의 주인공은 바로 그걸 놓쳤다. 본능은 가장 밑바닥에서 사람을 움직이는 능동적인 역할을 하는 기억이다. 바닥에 있다고 낮다는 뜻은 아니다. 학습으로 만들어진 기억이 눈에 보이는 빙산의 작은 봉우리라면, 본능은 빙산을 받치는 수면 아래 거대한 산맥이다. 그것 때문에 '나'의 기억은 인간의 기억이 된다. 그리고 앞에서 본 것처럼 가장 높은 곳에 위치한 기억은 학습이다. 시험을 치르기 위해 의지적으로 학습한 기억. 이 역시 순수하게 뇌만으로 하는 기억 같지만, 학습 역시 몸과 이어져 있다. 무언가를 외워야 할 때 단지 눈으로 보고 외우는 경우, 소리 내서 읽는 경우, 손으로 쓰면서 외우는 경우, 각각 기억되는 속도와 지속되는 기간에 차이가 생긴다. 기억에 의도적으로 몸을 개입시키는 이 지점은 본능이 아니라 의지라고

해야 할 것 같다. 의지도 기억과 밀접한 관계가 있음을
짐작할 수 있다.

　이제 중요한 기억 하나를 더 봐야 한다. 관습이다. 관
습이 바로 개인의 기억이 될 수는 없지만, 관습에 노출
된 개인은 관습을 자연스럽게 개인의 기억으로 변안한
다. 결국 한 개인의 사회화는 사회의 관습을 개인의 습
관으로 바꾸는 과정이다. 우리는 기억을 생각할 때 이
부분을 놓치는 경우가 많다. 그러나 관습은 개인의 기억
형성에 매우 중요하다. 똑같은 상황이 관습에 따라 달리
기억되기 때문이다. 그러니까 같은 돼지고기를 보더라도
알라를 믿는 이라크인과 알라를 믿지 않는 한국인은 전
혀 다른 반응을 보일 것이다. 신앙인인 이라크인은 아예
거들떠도 안 보겠지만, 신앙인이 아닌 한국인은 '이게 어
느 부위지?' 확인하며 입맛을 다실지도 모르겠다. 앞에
서 본 것처럼 기억은 본능에 의해 왜곡되는 것처럼, 관
습에 의해서도 왜곡된다. 무언가를 기억해야 하는 개인
입장에서 본능이 수동적 기억이고 학습이 능동적 기억
이라면, 관습은 수동과 능동 사이에 좀 모호하게 자리
잡고 있다. 그러나 개인의 기억을 왜곡시키고 변형시키
는 능력은 본능 못지않게 강하다. 문화인류학자인 루스
베네딕트Ruth Fulton Benedict(1887~1948)는 그의 책《문
화의 패턴》(까치)에서 전통적인 관습은 어떤 개인의 행
동을 결정하고 나아가 그의 경험과 신념에도 큰 영향을

준다고 주장한다. 그리하여 어떤 집단의 문화를 이해하려면, 그들의 관습을 봐야 한다. 당연히 한국인을 이해하려면 한국인의 관습을 봐야 한다.

의식주로 읽는 한국인

역사학자인 페르낭 브로델Fernand Braudel(1902~1985)은 좀 막연해 보이는 관습을 연구하기보다, 그 지역에 사는 사람들의 구체적인 일상생활에 관심을 갖는다. 그가 사람들의 일상에 관심을 갖는 이유는 일상생활을 통해 그 사회의 물질적 토대를 파악하고 비교할 수 있기 때문이다. 풀어서 말하자면, 일상생활은 의식주가 있어서 유지될 수 있다. 먹는 문제를 예로 들면, 사람들은 쌀을 주식으로 할 수도 있고, 밀을 주식으로 할 수도 있다. 밥이나 빵이 없다면, 인간의 일상생활이 있을 수 없다. 결국 인간의 일상이란 쌀을 씻어 밥을 해먹고, 그 지역의 독특한 옷을 해 입고, 독특한 집에서 살면서 만들어진다. 이렇게 물질생활을 반복하면서 일상이 만들어지고, 관습 역시 이런 과정에서 생긴다는 것이 그의 생각이다. 사람들은 자신들의 삶에서 절반 이상을 일상생활로 보낸다. 일상이 관습에 중요한 이유다.

《물질문명과 자본주의》(까치)라는 책을 참고해서 그의 생각을 간단히 보자. 아주 옛날부터 인간은 다양한 행동을 반복하면서, 그러니까 먹고, 자고, 물건을 거래하고 하는 다양한 행위를 반복하면서 일정한 행동패턴을 만들어왔다. 물론 그 긴 역사에서 인간이 이런 저런 행위와 경험을 뒤죽박죽 쌓아왔기 때문에, 어떤 지역에 사는 사람들의 행동패턴을 정확하게 설명하기는 어렵다. 그러나 이렇게 쌓아온 것이 사람들의 습관적 행동을 만든 것은 틀림없다. 이런 습관적 행동은 살아가는 데 매우 요긴하다. 이를테면 아침에 일어나서 이불을 개고, 식탁에 앉아 밥을 먹고, 차를 타고 또는 걸어서 직장으로 가는 습관적 행동에 대해 어떻게 할지 매일 심각하게 고민하는 사람은 없다. 아마 습관이라는 것이 없다면 인간에게는 끔찍한 일이 벌어질 것이다. 아침에 일어나서 이불 개는 걸 처음 배울 때처럼 하고, 식탁에 앉아 밥 먹는 것을 다시 배워야 하고, 운전을 1년 했는데도 여전히 처음 배운 그날처럼 운전을 해야 한다면 사는 일은 매우 번거로울 뿐 아니라, 무언가 새로운 시도도 전혀 할 수 없다. 그러나 다행스럽게도 우리는 아침에 일어나 아무 생각 없이 이불을 개고, 식사를 하고, 깔끔한 사람이라면 세수도 하고, 아무 생각 없이 운전을 해서 직장까지 간다. 이런 행동은 일련의 습관일 뿐 어떤 생각도 들어갈 틈새가 없다. 이처럼 우리 생활에선 아무 생각 없이 진행되는 일이 수도 없이 많다. 물론 사유하지 않아도 되는 행동패턴이 거꾸로 삶을 방해하기도 한다. 무언가 새로운 변화에 대처해야 할 때 우리 사고는 자꾸 옛날 방식을 고집한다. 이 경우 일상은 우리가 상황에 맞게 변화된 대처방법을 찾는 걸 방해한다. 일상은 늘 같은 방식을 고집하기 때문이다. 나이가 들면서 고루하고 완고해지는 까닭이다. 아무튼 일상 속에서 습관이 도움이 되든 아니든, 우리 삶의 대부분은 일상 속에서 아무 생각 없이 결정되고 실행된다.

결국 밥, 집 (최근에는 자동차) 따위의 물질문명이 만든 습관이 사람들의 일상을 만들고 해결한다. 이 말은 우리가 터 잡아 살고 있는 물질생활이 개개인의 삶에 아주 깊이 개입하여 결합되어 있다는 말이다. 그러니까 밥이나 집이 만든 습관이 마치 몸속의 내장처럼 깊숙한 곳에 흡수되어 있다. 이 습관이 아주 오래전부터 반복해서 경험되어 한국인은 여기에 중독이 되었고, 이 모든 습관이 일상생활에 필수적이고 당연한 일이 된다. 그러니 한국인의 삶과 행동을 이해하려면 먼저 한국인의 물질생활을 들여다보고 이해하는 일이 선행되어야 한다.

프랑스인이나 영국인을 만나서 대화를 나누다, 한국인인 나는 그들과 무언가 다르다는 생각을 한 적이 있다면, 지금부터 한국인이 오랜 기간 누렸던 물질생활을 들여다볼 필요가 있다. 그런데 약간 문제가 있다. 안타깝게도 한국에서의 물질생활이 지난 세기 동안에 통째로 바뀌어버렸다. 식생활이 바뀌었고, 의복문화도 바뀌었다. 도시를 채우고 있던 전통건축물은 모두 사라지고,

그 자리를 아파트가 채우고 있다. 하지만, 크게 문제될 건 없다. 아무리 세상이 바뀌었어도 반만년 이어져온 물질생활의 영향이 눈 녹듯 사라질 수는 없다. 이 모든 것은 무의식처럼 한국인에게 남아 있다. 그래서 한국에서 태어난 한국인이라면, 어쩔 수 없이 반만년 역사 동안 유지되어온 한국인의 물질생활에 빠져들게 된다.

한국인의 마음을 할퀸 역사

물질생활이 통째로 바뀐 것보다 더 안타까운 일이 최근에 있었다. 서구문명이 세계를 장악하는 동안 한국인은 세계 변화에 주체적으로 대응하지 못했다. 조선은 일본 제국주의의 폭력 아래서 근대화를 시작했다. 이 과정에서 한국인은 정체성에 심각한 손상을 입었다. 다른 나라와 평등하고 자유로운 문화교류에 실패한 것이다. 때문에 한국인은 스스로 한국의 관습과 문화를 부당하게 폄훼하는 경향이 있다. 이것이 민족적인 열등감을 만들고 한국인의 정체성에도 좋지 않은 영향을 주고 있다.

유럽인의 침입에 속수무책으로 당한 인디언의 처지를 살펴보면, 비슷한 고통을 당했던 한국인을 이해하는 데 도움이 될 수 있다. 미국 심리학자 에릭 에릭슨Erik Homburger Erikson(1902~1994)은 인디언 보호구역에 사는 인디언들을 관찰해서 글(연암서가의 《유년기와 사회》)을 발표했다. 그가 연구대상으로 삼았던 대상은 백인이 만든 사회에 쉽게 적응하지 못하는 인디언들이었다. 어떤 인디언 아이는 학교 기숙사를 무단으로 이탈하여 집에 가서는 아예 돌아오지 않았고, 학교에 적응하지 못한 아이들의 일탈이 종종 사회 폭력으로 나타나기도 했다. 많은 백인들이 아이들이 엇나가는 원인을 인디언 종족의 문제에서 찾았지만, 에릭슨은 인디언 아동들과의 인터뷰를 통해서 그 원인이 다른 데 있다는 것을 밝혀냈다. 인디언 보호구역의 아이들은 기본적으로 정체성의 혼란에 빠져 있었다. 학교에 간 아이들은 선생들에게 인디언처럼 행동한다고 혼나야 했고, 집에서는 백인처럼 군다고 부모에게 또 구박을 받아야 했다. 이는 인디언의 일상과 백인의 규범이 부딪히며 생긴 일이다. 이 스트레스를 견딜 수 없었던 아이들은 결국 성인이 되어서도 알코올 중독에 빠지거나 걸핏하면 주먹질을 해대고는 했다. 더 불행한 것은 미국이 만든 사회의 틀 안에서 나름대로 적응에 성공한 인디언은 다른 인디언을 마치 백인이 인디언 다루듯 대하는 것이었다.

자신의 문화를 잃고 혼란에 빠진 인디언의 모습에서, 일본의 강제점령 당시 한국인이 겪었던 정신적 스트레스가 결코 작지 않았음을 짐작할 수 있다. 당시 우리는 학교에 가서는 일본어로 말하고 집에 와서는 조선어를 해야 했다. 이런 이중생활은 우리에게 큰 상처를 주었다. 마치 인디언 보호구역 내의 인디언처럼 우리는 정체성의 혼란에 빠질 수밖에 없었다. 당시 조선의 아이들이 미치지 않고 살아남아 오늘의 대한민국을 만든 것만도 다행이라는 생각이 드는 까닭이다. 그런 와중에 우리는 끊임없이 우리 것을 폄훼하며 일본화하려고 했고, 지금은 서구화하려고 노력한다. 친일파에 대한 미화는 이런 정신분열증의 결과다. 일상과 규범의 괴리는 아직도 완전히 해결되지 않고 있다. 우리는 여전히 혼란 상태에 있는지도 모른다. 세계의 표준이 된 미국인이나 유럽인으로 살면 되는데, 노력해도 그게 잘 안 된다. 그 이유는 너무 간단하다. 한국인이기 때문이다.

한국인 습관의 뿌리, 의식주

어떤 지역이든 습관은 자연과 깊은 관계가 있다. 이미 본 것처럼 습관은 의식주라는 물질생활과 관계가 있는데, 자연이 물질생활을 결정하기 때문이다. 우리는 다큐멘터리 영화를 통해서 더운 지방에 사는 사람들이 옷을 잘 갖추어 입지 않았던 사실을 알 수 있다. 최소한 가릴 곳만 가리거나 그조차 하지 않는 인종도 있다. 그러나 추운 계절이 있는 지방에 사는 사람이라면 옷에 관심을 두지 않을 수 없다. 옷을 입지 않고 겨울을 날 수 없기 때문이다. 옷을 만들고 입는 문화가 발달한 것은 너무 당연하다. 누구나 옷을 입어야 하기 때문에 옷을 어떻게 입을지에 관심을 갖게 되고, 그래서 옷에 치장을 많이 한다. 그러나 더운 지방이라면, 굳이 옷이 필요 없으니 옷에 관한 문화가 발달할 필요가 없고, 장식도 옷 대신 피부에 직접 하는 것이 효율적이었다. 몸에 문식 같은 장식을 하는 종족이 더운 지방에 많다는 것은 이와 무관하지 않다. 즉 기후라는 자연이 그 지방의 의복은 물론이고 문화 자체를 결정할 수 있다는 것을 아주 쉽게 짐작할 수 있다.

옷뿐이 아니다. 기후가 어떤가에 따라서 재배할 수 있는 곡류가 다르고, 사람이 먹는 양식도 달라진다. 자연이 허락하는 주식이 무엇이냐에 따라서, 어떤 지역에서는 밥을 하고 어떤 지역에서는 빵을 굽는 일련의 과정이 문화로 남는다. 세계에서 가장 많이 경작하는 작물은 쌀, 밀, 옥수수다. 쌀이 주로 아시아 것이라면 밀은 유럽의 것이고 옥수수는 아메리카의 것이다. 쌀과 밀의 경작이 어떻게 문화에 영향을 주는지 잠깐 보자. 일단 두 작물은 경작방법이 다르다. 밀은 땅의 양분을 금세 고갈시키기 때문에, 정기적으로 땅을 놀려주어야 한다. 2년마다 또는 3년마다 땅을 놀리면서 지력을 북돋우어야 한다. 휴경으로 농지를 놀리는 기간에는, 거기에 가축을 풀어 키울 수 있는 기회가 생긴다. 한국에선 매년 농사를 지을 수 있었기 때문에 굳이 논을 놀릴 필요가 없었고, 그래서 목축이 발달하지 못했다. 주구장창 농사만 짓는 한국과 달리 유럽에서 목축이 발달한 까닭이다. 주식主食이 무엇이냐에 따라 일상생활은 물론 산업도 바뀐다. 목초지를 확보하기 위해 벌어진 엔클로저enclosure 운동이 무산자無産者를 도시로 내몰면서, 산업혁명의 단초가 된 것을 생각하면 밀을 주식으로 받아들인 결과 역사도 바뀌었다는 걸 알 수 있다.

거창하게 역사 이야기를 하지 않더라도 주식이 무엇이냐에 따라 일상생활에도 차이가 생긴다. 빵을 굽는 것과 밥을 짓는 일은 일상에서 아주 많은 차이를 만든다. 일단 조리방법이 다르고 조리에 쓰는 도구가 달라진다. 빵을 굽는 사람의 일상과 밥을 짓는 사람의 일상을 상상해보자. 식당과 빵집의 차이만큼 크다. 당연히 생활이 달라진다. 헤아릴 수 없이 많은 일상에서 차이가 생겨난다. 쌀뜨물을 이용하여 국을 끓이는 방법을 유럽인은 죽었다 깨어나도 알 수가 없다. 이 차이가 문화의 차이가 된다. 전혀 다른 행위를 반복하면서 전혀 다른 관습이 생긴다. 이것이 개인에게 습관으로 체화되고, 자연스럽게 사람의 심리와 사유방식에도 차이를 만든다.

의식주와 같은 물질생활이 사람들의 삶과 의식을 얼마나 많이 바꿀 수 있는지 옥수수와 쌀을 비교해서 다시 한 번 살펴보자. 옥수수를 경작하는 지역에서는 거대한 건물을 짓는 일이 상대적으로 쉽다. 옥수수는 씨를 뿌리면 추가로 세심하게 보살필 필요가 적어서 사람들이 여유 있게 놀 시간이 많다. 이런 지역에 사는 사람들은 삶이 평온하기 때문에, 잘 놀고 낙관적이 된다. 그러나 백성 위에 군림하려는 지배자가 있다면, 시간이 넉넉한 백성을 몰아다 자신을 위한 거대한 건물을 지을 수도 있다. 그래서 옥수수를 주식으로 하는 지역에는 거대한 건축이 태어날 수 있다. 이미 오래 전 아메리카에 테오티우아칸 같은 거대 건축이 존재할 수 있었던 것은 손쉬운 옥수수 농사 덕분이었다. 그만큼 유휴인력이 충분했다. 이 주장을 우리나라에 대입하면 꽤나 설득력이 있다. 조선왕조실록에 수록된 건축 관련 기사들을 보면, 나라에서 건축을 일으킬 때는 그때가 농번기인지 아닌지, 농사를 짓는 데 백성에게 어려움이 없는지 먼저 살폈다. 만약에 벼농사에서 때를 놓치면 아예 일 년 농사를 다 망칠 수도 있고, 그렇게 되면 건물을 짓기 전에 사람들이 굶어죽을 수도 있었다. 쌀이라는 주식이 한국의 건축에도 영향을 준 것이다. 한반도라는 자연이 만든 물질문명, 즉 의식주는 오랜 기간 반복되면서 우리 행동에 지속적으로 영향을 주었다. 유럽인과 한국인은 심리와 행동에서 차이가 날 수밖에 없다.

한국인의 생활을 결정한 집

한국인의 독특한 습관을 낳은 일상을 보고 싶다면, 집만큼 좋은 것은 없다. 한국인에게 집은 쌀보다 결정적이다. 왜냐하면 쌀을 주식으로 하는 지역은 굳이 한반도에 국한되지 않기 때문이다. 게다가 한반도 안에서 모든 사람들이 쌀을 주식으로 한 것도 아니다. 같은 한반도의 백성이라도 북쪽에서는 열악한 자연조건 때문에 어쩔 수 없이 기장이나 수수를 주식으로 삼은 경우가 많았다. 그런 점에서 한국인 전체의 독특함을 확인하기에는 한옥이 더 유리하다. 한옥은 한반도를 벗어난 지역에서는 볼 수 없는 매우 독특한 집이기 때문이다.

집도 곡식처럼 그 지역의 자연이 잉태한 것이다. 세계 어느 지역이든 과거의 민속주택은 모두 주변에서 구할 수 있는 재료로 집을 지었다. 나무가 많은 곳에서는 나무로, 돌이 많은 곳에서는 돌로 집을 지었다. 심지어 얼음이 많은 알래스카의 에스키모들은 얼음을 이용하여 그들만의 집인 이글루를 지었다. 그래서 추운 지역과 더운 지역의 집은 다를 수밖에 없다. 한반도는 공간적으로 남북으로 긴 지형이어서 남북의 기온차가 크고, 시간적으로는 4계절이 있어서 계절별 기후의 편차가 매우 크다. 이것이 한국인만의 독특한 건축, 한옥을 태어나게한 자연조건이다. 추운 북쪽에서는 구들을 더운 남쪽에서는 마루를 개발하여 전형적인 한옥을 만들 토대를 갖추었다. 그러나 기후가 비슷하다고 해서 쌍둥이 문화가 태어나는 것은 아니다. 자연이 건축의 모든 것을 결정할수는 없다. 인간에게는 고유의 문화 역량이 있기 때문이다. 같은 동양문화권이면서도, 지역에 따라서는 한국과 기후 조건이 비슷한 지역이 있는 중국은, 한국과 다른 집을 지어 살아왔다. 이는 자연의 차이만이 아니라 문화 역량도 그 지역의 관습에 간여하기 때문이다.

문화를 만드는 도구

물질생활이 반복을 통해서 관습을 만들면, 그에 따라 우리 사유체계나 심리가 형성된다. 말이 추상적이니 구체적으로 예를 들면, 이렇다. 스마트폰이 등장하기 전과 후의 세상을 비교해보자. 10여 년 전 당신은 지하철에서도 책을 읽는 교양인이었을 테고, 신문을 통해 세상 돌아가는 것을 파악하던 시민이었을 것이다. 혹시 무언가를 읽는 것을 좋아하지 않았다면 지나는 사람도 좀 흘끔거리고 차창 밖의 익숙하거나 낯선 풍경에 시선을 걸어두기도 했을 것이다. 그러나 지금은 그렇게 하지 않는다. 멀뚱거리며 사람을 보거나 자기만의 생각에 잠겨 먼산바라기를 하는 일은 거의 일어나지 않는다. 모두 작은 모니터에 코를 박고 있다. 스마트폰의 출현은 우리 생활을 통째로 바꾸었다.

2017년 10월 14일 서울 강동구 암사선사유적지에서는 이색적인 대회가 열렸다. 일명 '멍 때리기' 대회다. 이 대회는 피곤에 지친 현대인의 뇌를 쉬게 한다는 목적으로 개최되었다. 이런 행사는 우리 시대의 인간이 과거에 비교해서 얼마나 변했는지 짐작하게 하는 사건이다.

돌이켜보면, 과거에는 멍하게 있던 적이 많았다. 지는 해를 바라보면서 멍하게 있기도 하고, 길을 가다 내달리는 바람을 보고 또 멍하게 있기도 했다. 그러나 이제 우리는 멍하게 있지 않는다. 사람들은 너나없이 스마트폰의 작은 모니터에 시선을 고정한 채 주변에서 무슨 일이 벌어지는지 관심이 없다. 그러다 보니 인간관계를 맺는 방법도 바뀌고 있다. 옛날에는 가족이 외식을 하면 밀린 얘기도 나누고 정도 나누는 시간이었다. 그런데 요즘은 그렇지 않다. 식당에 들어가서 음식 주문이 끝나면, 바로 스마트폰으로 눈길을 가져간다. 식탁을 사이에 두고 마주한 가족과 대화를 나누기보다 '카톡'을 이용하여 먼 곳에 있는 사람들과 대화하는 데 익숙하다. 그뿐 아니다. 과거 우리는 일상의 소소한 잡담을 나누기 위해 이웃과 친하게 지냈다. 이웃이 알게 모르게 나의 외로움을 덜어주었기 때문이다. 그러나 이제 우리는 일상의 소소한 잡담을 이웃과 얼굴을 마주보며 나누기보다, '페이스북'이나 '트위터'에 올린다. 페이스북이라는 가상의 공간 안에서 마치 옛날에 골목길을 지나며 이웃과 잡담하듯 그저 툭툭 하고 싶은 말들을 던지고 답한다. 때로는 댓글을 달기도 하고 '좋아요'를 누르며 호응한다. 우리의 행동패턴이 완전히 바뀐 것이다. 어떤 사람은 이를 장삿속으로 하겠지만, 어떤 사람은 마치 마실 다니듯 즐겁게 한다. 스마트폰은 우리의 습관과 행동 그리고 심리에도 직접적인 영향을 준다.

문명의 이기利器는 이렇게 직접적으로 그 사회구성원의 행동에 영향을 준다. 행동을 매우 체계적으로 바꾸어 관습과 사고체계도 바꾼다. 책을 읽지 않는 상황은 우리 사회에 또 다른 관습을 만들어내고 있다. 개인적인 경험 예를 들자면, 한 출판사에서 청소년용 건축 관련 책을 내자는 제의가 왔었다. 그래서 논의를 진행했는데, 논리적인 책을 써서 단단한 지식을 담고 싶다는 필자의 요구에, 출판사 측은 논리적인 글은 "정신을 집중해서 읽어야 하잖아요?" 되물었다. 개인적으로는 그 말을 듣고 좀 놀랐는데, 출판사는 사람들이 더 이상 깊이 생각하기 싫어하는 시대적인 흐름을 읽어낸 것이다. 스마트폰의 화면처럼 빠르게 지나가면서 망막을 흥미롭게 하는 쪽으로 출판사의 관심도 옮겨가고 있다. 이와 같은 변화는 지식산업 구조에도 영향을 준다. 인터넷 포털이 지식산업에서 차지하는 비중이 점점 커지고 있다. 이제 통신산업이 지식산업을 대체하는 상황이 벌어지고 있다. 지식이 정보화되면서, 즉 지식이 책의 형태로 만들어져 사람들을 사유하게 만드는 것이 아니라, 단편적인 정보형태로 망막에 전달되면서, 개인에게 지식이 파편처럼 산만하게 축적된다. 우리 사유 깊이는 점점 얕아질 가능성이 높지만, 지식정보의 네트워크가 새로운 사유방식을 만들 가능성 역시 존재한다. 우리의 행동패턴을 넘어서 사유체계가 변해가는 중이다. 이 모두가 작은 스마트 폰이 만든 변화다. 그렇다면, 한국인이 반만년 동안 살아온 집이 다른 나라와 전혀 달랐다면 우리 문화는 다른 나라의 문화와 얼마나 다를까?

1장

안팎을 결연하게 나누는 한국인

부시맨, 캐나디안, 코리안°

한국인은 한국인이 얼마나 특별한지 잘 모른다. 이것은 소위 '국뽕' 차원의 이야기가 아니다. 30여 년 전 일이다. 한국을 처음 방문한 한 캐나다인이 식당에 들어가다 눈이 동그래졌다. 사람이 바닥에 앉아 밥을 먹다니! 그는 깜짝 놀랐다. 굳이 캐나다를 특정할 필요도 없이 유럽이나 북미 사람들은 의자에 앉아 식탁에서 식사한다. 그런데 놀랍게도 한국인은 방바닥에 앉아서 밥을 먹고 있었던 것이다. 캐나다인의 경험으로만 보자면 방바닥에서 밥을 먹는 건 사람이 아니라 개였다. 그가 놀란 건 당연했다.

100여 년 전 조선에 처음 온 서양인의 눈에 비친 한국인은 조롱의 대상이었을지 모르겠다. 문화 차이의 크기가 멸시의 크기였던 시대였으니까. '개처럼 밥을 먹는 사람이라니! 생긴 것만 사람이지 행동하는 것은 영락없이 짐승이군!' 그렇게 생각했을지도 모르겠다. 방바닥에 앉아서 밥을 먹는 행위가 우리에게는 숨 쉬는 것처럼 자연스럽지만, 외국인에게는 아주 낯설고 특이한 문화였다.

방바닥에 앉아서 밥을 먹는다는 것 하나만 보아도 우리는 지금 세계문화의 주류라고 할 수 있는 서양 사람들과 다르다. 한국인에게 의자에 앉아 식탁에서 하는 식사는 불과 50년도 채 안 된 아주 최근의 생활양식이다. 우리는 외부에서 식사를 할 때도 식탁에 부속되는 의자를 별도로 만드는 대신, 넓은 평상을 만들어 그 위에서 술과 밥을 먹었다. 물론 식탁에서 식사하는 습관은 서양에만 있는 것은 아니다. 중국인도 의자에 앉아 식탁에서 식사한다. 그러니까 우리는 서양하고만 다른 것이 아니라 중국과도 다르다.

그러나 따져 보면, 방바닥에 앉아서 식사하는 습관이 특이하다고는 할 수 없다. 찾아보면 바닥에 앉아 생활하던 사람들이 적지 않다. 햇살이 따가운 중동의 아랍인도 한국인처럼 방바닥에 앉아 생활했다. 중국에서도 더운 지역에서는 방바닥에 앉아 생활하는 사람이 있었고, 아프리카인의 처지도 별반 다르지 않았다. 더운 지역에 사는 사람에게 의자나 침대는 필수품이 아니었다. 아니 아주 더운 곳이라면 아예 집조차 필요 없었다. 실제 집 없이 사는 사람은 세계적으로 꽤나 넓게 분포했다. 궁궐을 나온 석가모니조차 집도 절도 없이 떠돌다가 보리수 밑에서 깨달음을 얻었다는 이야기가 있는 것을 보면, 옛날 인도에는 집 없이 살던 사람이 많았다는 걸 알 수 있다. 요즘처럼 에어컨이 있고 선풍기가 있다면 모를까, 더운 지역에서라면 굳이 집 안에서 생활할 이유가 없었다. 바람이 안 통하는 실내는 견디기 힘든 찜통이었을 것이다. 부시맨이 집 밖을 쏘다니지 않았다면, 콜라병을 주울 일도 없었을 것이다. 사시사철 따뜻하고 위험이 많지 않은 곳이라면, 제한적 필요에 따라서 인공 건물을 설치할 수는 있지만 자연 속에서 생활하는 것이 보편적이었다. 2차 세계 대전 당시 일부 인도군은 이탈리아 남부에 주둔하고 있었는데, 집집마다 의자가 있다는 사실에 매우 놀라워했다. 역사학자 페르낭 브로델은 인도인의 태도가 인상 깊었던지 그런 내용을 자신의 저서에 남겼다.

한국인의 독특한 목욕문화°

한국을 방문한 외국인 중 한국의 목욕문화를 색다르게 여기는 사람이 의외로 많다. 그러고 보면 한국인의 목욕문화가 특별하기는 하다. 일단 다양하다. 마치 한반도의 사계절처럼 물의 온도에 따라 온탕, 열탕, 냉탕이 종류별로 있고, 한증막을 필두로 다양한 찜질방이 홀을 두르고 있다. 여기에 때를 밀어주는 때밀이 문화까지. 이같은 다채로움은 다른 나라 사람들이 흉내 내기 어려운 한국의 목욕문화다.

한국의 독특한 목욕문화가 한옥에서 출발한다는 사실을 아는 사람은 흔치 않다. 일단 찜질방 문화는 이미 조선시대 문헌에서도 확인된다. 그러니까 몸이 안 좋다든가 하면 구들방에 불을 지피고 거기서 몸조리를 하는 식으로 발달한 것이다. 청동기시대 태어난 구들의 역사를 생각하면 찜질방의 역사는 꽤나 오래된 한국의 전통이다. 돌이켜 보면 개인적으로 구들방에서 이불을 덮고 누워서 방문을 활짝 열고, 방 밖으로 떨어지는 눈발을 바라보던 경험이 어린 시절의 아련한 추억으로 남아 있다. 뜨거움과 차가움을 동시에 즐기는 사람들이 한국인이다. 이 모든 것이 구들이 없었다면 가능하지 않았다는 점에서 구들은 알게 모르게 우리 추억과 전통의 밑바닥을 형성한다.

한국인이 욕탕에서 맨발로 다니는 모습을 본 외국인의 반응도 재미있다. "한국인은 왜 목욕탕에서 슬리퍼를 안 신고 다니나요?" 파란 눈의 이방인이 그렇게 물으면, 어허 이거 정말 낯설다. 거꾸로 묻고 싶어진다. "아니 목욕탕에서 왜 신발을 신으세요?" 유럽에서는 대체로 공중목욕탕에서 슬리퍼를 신는다. 사실 우리는 신만 안 신는 게 아니다. 옷도 몽땅 벗어버리고, 실오라기 하나 걸치지 않은 채로 공중목욕탕 내부를 활보한다. 마치 옷을 입고 있는 양 천연덕스럽다. 한국인의 이런 문화를 낯설어 하는 사람들이 있다. 특히 아담과 하와의 후손인 유럽인들은 자신이 홀딱 벗은 것을 의식하여 무언가로 늘 자신을 가리려고 한다. 그런 사람 입장에서 보면 홀딱 벗고 타인을 전혀 의식하지 않고 돌아다니는 한국인이 신기할 수도 있을 것 같다. 그럼 한국인에게는 왜 이런 목욕문화가 생겼을까. 하나씩 살펴보자.

　우리가 목욕탕에서 슬리퍼를 신지 않는 이유는 방바닥에 앉아서 생활하는 좌식문화와 관계있다. 최근 주거지가 한옥에서 아파트로 바뀌면서, 한국인은 좌식과 입식을 자연스럽게 섞어 쓰고 있다. 그런데, 좌식생활을 하느냐 입식생활을 하느냐에 따라 사람들의 행동양식은 크게 달라진다. 다른 나라 사람과 비교해서 독특하다 싶은 한국인의 행동은 여기에서 시작하는 경우가 대부분이다. 그렇다면, 한국인은 왜 좌식문화를 선택했을까? 좌식문화를 낳는 특별한 물질문명의 조건이 있을까? 물론 있다.

　첫 번째 조건은 바닥이 차지 않아야 한다. 바닥에 앉아서 생활하기 때문이다. 그렇다면, 더운 지역에서 좌식생활은 자연스러운 현상이다. 현대문명이 침입하지 않은 아마존이나 아프리카 내륙의 원주민이 의자와 책상을 쓰는 모습을 보지 못했다. 그러나 추운 겨울이 있어서 바닥이 차가운 지역이라면 좌식생활이 불가능하다. 추운 겨울 좌식생활을 하려면, 방바닥을 따뜻하게 해야 하는데, 그게 결코 쉽지 않기 때문이다. 요즘이야 뭐 전

기장판을 가져다 깔기만 해도 방바닥에 앉을 수 있지만, 과거에는 불가능했다. 추운 겨울 차가운 방바닥에 앉아서 살 수 있다는 주장은 물 위를 걸을 수 있다는 말만큼이나 비현실적이었다. 성경에서는 예수만이 물 위를 걸었지만, 한국인은 누구나 추운 겨울에도 방바닥에 누워지내는 호사를 누렸다. 한국인처럼 살 수 없다면, 의자도 만들고 침대도 만들어야 추위를 이길 수 있다. 의자나 침대가 번듯할 필요는 없지만, 추운 곳이라면 꼭 필요한 가구다. 숟가락은 없어도 살 수 있었지만, 의자와 침대가 없으면 살 수 없었다. 유럽의 겨울은 정말 혹독했다. 17세기 유럽 사람들의 생활을 이해하기 위해서는 플랑드르의 화가 아드리안 브라우웨르Adriaen Brouwer (1605~1638)가 그린 그림들이 도움이 된다. 그는 가난한 사람들의 생활을 많이 그렸다. 선술집 풍경, 싸움질, 카드놀이 등 다양한 그림을 통해서 당시 유럽인들이 사용하던 탁자와 의자를 그렸다. 형편이 어려운 사람이라면 나무 둥가리를 가져다 의자를 대신하기도 했다. 의자 탁자 침대는 몸과 바닥을 분리하여 차가운 기운을 차단시켜준다. 그렇게 하지 않으면 살 수 없었다. 그런데 놀랍게도 추운 겨울이 있는 한반도에서 바닥에 앉아 생활하는 좌식문화가 자리를 잡았다. 구들이 없었다면, 우리도 유럽인처럼 입식생활의 전통 속에서 생활했을 것이다. 실제 조선 전반기까지 구들 사용에 소극적이던 지배계층은 입식 위주의 생활을 했다.

그럼 구들을 발전시키지 못한 일본 사람들은 어떻게 좌식생활을 했을까. 일본이 좌식생활을 할 수 있었던 이유는 두 가지다. 일단 일본은 위도 상 한반도보다 훨씬 남쪽에 있다. 기후는 따뜻하고 그리 춥지 않은 겨울 역시 짧다. 물론 일부 지역에는 눈이 많아 스키장이 있는 곳도 있지만, 일본 본토인이 머물던 곳은 대체로 따뜻했다. 그들의 좌식생활을 가능하게 한 두 번째 이유는 다다미다. 다다미가 깔린 방은 구들처럼 따뜻하지는 않지만, 바닥의 찬 기운을 누그러뜨릴 수 있어 겨울을 견뎌내기에 매우 유용한 도구였다. 일본인들은 고작해야 화로 하나로 추위를 견뎌야 했지만, 바닥이 아주 차갑지 않아서 견딜 만했다. 일본인은 밤과 낮의 기온차가 높은 여타 열대지방의 원주민이 밤을 지새우는 것처럼 겨울을 견뎌냈다.

맨발로 달린 마라토너 아베베°

좌식문화는 바닥이 차갑지 않아야 가능하지만, 한국의 경우에는 아프리카와 다른 조건이 하나 더 필요했다. 그건 신발과 관련된다. 목욕탕에서 슬리퍼를 신는 서양인의 행위가 우리 눈에는 이상하지만, 유

럽인들에게는 아주 자연스럽다. 실내에서 신을 신는 습
관은 몇 천 년 이어져온 유럽인의 전통이기 때문이다. 생
활 습관은 어지간해서는 비꿀 수 없다. 생활습관에도
관성이 있기 때문이다. 페르낭 브로델은 역사 속에서 오
랜 기간 반복된 물질문명이 일상생활에 집단 무의식으
로 남는다고 생각한다. 서양 사람들은 오랜 역사 동안
내내 실내에서 신발을 신었다. 바로 이 지점에서 좌식생
활을 가능하게 하는 두 번째 조건을 만날 수 있다.

생활 속에서 신발의 위상은 지역에 따라 차이가 있었
다. 일단 더운 지방에서는 집 안팎에서 모두 신발을 신
지 않고 살아왔다. 1960년 9월 10일 로마에서는 지금까
지 전설이 되어 내려오는 놀라운 이벤트가 벌어졌다. 올
림픽 폐막을 하루 앞두고 벌어진 이날의 이벤트가 지금
까지 기억되는 이유는 단 하나, 마라톤 우승자가 맨발
이었기 때문이다. 그가 바로 아직도 사람들의 기억에 남
아 있는 에티오피아의 마라토너 아베베다. 맨발의 아베
베! 42.195km를 맨발로 달렸다는 사실에 사람들은 매
우 놀라워했지만, 더운 지방에 사는 사람에게는 그리 특
별한 일도 아니다. 추운 지방에서 사는 사람들이라면 맨
발로 거리를 거니는 생각은 꿈에서조차 할 수 없지만, 열
대지방에 사는 사람들은 집 안팎에서 신발을 벗고 사는
것이 자연스러웠다. 그래서 발이 단단해져 신발 없이도
42.195km의 거리를 무사히 달릴 수 있었던 것이다. 지

금이야 신발이 발을 보호하기 위한 용도로 아프리카에
도 보급되었지만, 과거에는 그럴 필요가 없었다. 신발을
만들기 위해 들어가는 비용에 비해서 효용은 그리 좋지
않았고 맨발로 사는 데도 전혀 문제가 없었기 때문이다.

그렇지만 추운 지방이라면 상황이 달라진다. 신발을
신지 않으면 발은 동상에 걸리고 만다. 과거에 동상이 걸
리면, 약이 없었다. 죽음처럼 돌이킬 수 없는 일이 벌어
지기도 했다. 그런 처지라면 마라톤은커녕 100m 달리기
도 자신할 수 없는 처지가 된다. 그래서 추운 지역에 사
는 사람은 꼭 신발을 신어야 했다. 그렇다고 이들이 집
밖에서만 신발을 신는 건 아니었다. 집 안에서도 신어야
했다. 그 이유는 방바닥에 있다. 발을 딛고 다녀야 할 바
닥이 차가운 것은 집 안팎이 마찬가지였다. 구들이 없는
지역에서 방바닥은 얼음장일 수밖에 없었다. 말하자면,
집 안에서도 맨발로 다닐 수가 없었다. 게다가 옛날에는
집 안에서 장작을 땠기 때문에 집 안에는 늘 검댕이가
돌아다녔다. 지금처럼 잘 사는 유럽 집을 생각하면 오산
이다. 근대 이전 유럽인들의 방은 지금과 달랐다. 방바닥
이 늘 더러웠다. 땔감에서 나오는 분진 말고도 실내가 지
저분한 이유가 하나 더 있다. 추운 겨울밤을 견디기 위
해서 사람들은 가축과 같이 사는 일이 흔했다. 티치아노
가 그린 그림 〈우르비노의 비너스〉를 보면 침대 위에 개
가 있는데, 그 개는 마치 거기가 원래 자기 자리라도 되

43

는 듯, 자세가 아주 자연스럽다. 이는 개와 사람이 같은 공간에서 살았기 때문에 나올 수 있었던 그림이다. 겨울에 개를 안고 자야 할 정도로 유럽은 추웠다. 짐승과 한 공간에서 살다보니 실내를 청결하게 하는 데에 한계가 있었다. 개는 다른 동물에 비해 온순하고, 목욕시키기도 상대적으로 수월하다. 그러나 소처럼 쟁기를 끌지도 않고 오로지 먹기만 하는 개를 키울 수 있는 계층은 한정되어 있었다. 가난한 사람들은 돼지와 울타리 하나를 사이에 두고 가구도 없이 짚단 위에서 자기도 하고, 때로는 같은 공간에 머물기도 했다. 이런 전통이 산업혁명이 진행되면서 도시에서 벌어지기도 했다. 일거리를 찾아 도시로 나온 가난한 사람들 중 일부는 여윳돈이 생기면 돼지를 사서 자기가 사는 지하방에서 키우는 일도 발생했다.

그러나 한국인은 실외에서 신발을 신고 실내에서 신발을 벗었다. 건물 안팎을 결연하게 나눈 것이다. 생활하는 방의 안과 밖은 전혀 다른 영역이었다. 왜냐하면, 실내에서는 바닥에 앉고 누워야 했기 때문이다. 내가 살을 대고 눕는 바닥에서 신발을 신고 돌아다닐 수는 없는 노릇이다. 그래서 한국인은 방에서는 신발을 벗고 방을 나서면 신발을 신었다. 이게 우리에게는 자연스럽지만, 다른 나라 사람들에게는 특이한 생활양식이다. 다른 나라에서는 실내와 실외에서 생활할 때 발의 상태가 똑같다. 추운 지역에서는 집 안팎에서 신발을 신어야 했고,

44

더운 지역이라면 거꾸로 집 안팎에서 신발을 신지 않았다. 이 차이로 인해서 한국인은 목욕탕에서 신발을 벗었다. 방에서 신발을 벗는 나라 일본 역시 목욕탕에서 맨발로 다닌다.

방 안에서 신발을 신는 사람°

요즘 한국인이 기억하는 한옥은 춥고 지저분한 집이다. 그러나 20세기 전까지 한옥은 세계에서 가장 따뜻하고 깨끗한 집이었다. 일단 방 안에서 신발을 벗는 것만으로도 집이 얼마나 깨끗한지 상상할 수 있다. 이는 옛날 중국 사람의 눈으로도 확인된다. 중국 남북조시대 역사서인 《양서梁書》는 고구려 사람들이 깨끗한 것을 좋아했다고 적고 있다.(이하 중국 역사서의 번역은 《중국정사조선열국전》(동문선)을 인용했다.) 고구려 사람이 깔끔할 수 있었던 것은 지금 확인한 것처럼 우리 고유의 난방시설인 구들 덕분이다. 인류가 끊임없이 발전해왔다고 생각하지만, 난방시설은 원시시대보다 크게 나아지지 않은 상태에서 산업혁명을 맞이했다. 대체로 인류는 근대에 이르는 시기까지 겨울 난방으로 줄곧 화덕을 이용했고, 이보다 발전했다고 해도 고작해야 돌이나 벽돌 등을 이용하여 난로를 만들어 쓰는 정도였다. 그

나마 발전한 것이 벽난로인데, 이도 기본적으로는 화덕과 크게 다르지 않았다. 물론 굴뚝이 있다고는 하지만, 실내에 화력발전소를 만든 것과 다름없었다. 화덕은 재와 분진을 쏟아내는 오염원이었다. 그러나 한국인은 오래 전부터 연기를 인도하는 연도煙道와 굴뚝을 개발해서 썼기 때문에, 재와 분진에서 빨리 해방될 수 있었다. 또 열기와 연기가 늘 방바닥을 지나기 때문에 집은 자연스럽게 소독 되어 위생적이었고, 방바닥은 한겨울에 신발을 벗고 다닐 만큼 따뜻하고 깨끗했다. 신발을 벗고 방안에 들어가는 문화를 탈화문화脫靴文化라고 하는데, 한국인이 추운 지역에 살면서도 탈화문화를 누릴 수 있었던 것은 당연히 구들 덕분이다. 구들이 없었다면, 한국인은 지금과는 완전히 다른 문화 속에 살았을 것이다. 한국인의 독특한 생활양식과 행동양식은 여기에 뿌리를 둔 것이 많다.

서양인들이 사는 집의 방바닥은 차가웠다. 그래서 실내라고 해도 맨발로 다닐 수가 없었다. 당연히 실내에서 신발을 신는 문화가 일반적이었다. 그런 습관은 여전히 계속되고 있다. 그들이 보기에는 목욕탕에서 맨발로 다니는 우리가 이상할 수 있다. 그러나 발이 계속 젖는데 굳이 슬리퍼를 신어야 한다면, 이건 그리 합리적이지 않아 보인다. 그럼에도 서양인은 자신의 행동패턴을 쉽게 바꾸지 못한다. 물질물명이 지속적으로 반복하며 만든 행동패턴은 쉽게 바꾸어지지 않기 때문이다. 그러니까 서양에서는 신발을 신고 침대에까지 올라가는 일이 생긴다. 방바닥에는 카펫이 깔려 있고, 신발을 신고 그 위를 걸어 다닌다. 먼지가 엄청날 것이지만 그들은 그게 생활패턴으로 남아 있기 때문에 그것을 쉽게 거부하지 못한다.

아무튼 추운 지역에 사는 사람들이 한겨울 방바닥에 앉거나 눕는다는 생각은 꿈속에서나 가능한 일이었다. 그러나 구들을 일찍 개발한 한국인은 불가능하게만 여겨지는 생활을 현실 속에 구현했다. 실내에서는 맨발, 실외에서는 신발. 이게 한국인에게는 너무도 당연하지만, 세계적으로는 매우 특별한 현상이다. 우리가 만약에 실내에서 신발을 신고 있다면 이는 집 안의 상황이 비정상적이라는 의미. 방에서 공사를 하고 있거나 아니면 이사를 하는 중이거나. 그런 상황이 아닌 한, 한국인은 실내에서는 늘 신발을 벗는다.

2장

촉각을 즐기는 한국인

방바닥에 대한 심리의 차이°

더운 지역에서 좌식생활은 흔히 볼 수 있지만, 추운 지역에서의 좌식생활은 매우 이례적이고 특별하다. 용어는 똑같이 좌식문화라고 쓸 수 있지만, 좌식생활이 만들어낸 문화는 전혀 다르다. 일단 실내의 인구밀도에서 차이가 난다. 더운 지역이라면, 실내에 사람이 오밀조밀 모일 이유가 없다. 덥기 때문에 실내에 들어가 있을 일도 없고, 들어가도 붙어서 지낼 일이 없었다. 그러나 한국에서는 추운 겨울이 되면, 가족 모두가 하나의 공간에 밀집해서 겨울을 났다. 이는 한국인의 행동양식과 심리에 큰 영향을 주었다. 일상생활은 물론이고, 예술과 같은 정신문화에 이르기까지 좌식문화가 준 영향은 지대하다.

앉았을 때와 서 있을 때 마음상태가 다르다. 전통한옥 답사를 할 때도 서서 건물을 살필 때와 내부에 들어가 앉아서 감상할 때 느낌이 다르다. 앉아 있을 때 사람은 훨씬 너그럽다. 그래서 과거에는 누군가 언성을 높이고 핏대를 올리고 싸우면 주변에 있던 사람들이 가장 많이 하는 말이 "일단 앉아서 이야기하자."였다. 실제 싸움을 말릴 때 이게 굉장히 효과가 좋았다. 일단 앉기만 하면 싸움은 어느 정도 수습되는 단계로 넘어가는 경우가 많았다. 좌식생활에 익숙한 우리는 '앉는 행위'만으로도 격앙된 감정을 해소하고 심리적 안정감을 확보할 수 있었다. 우리에게 앉는 것은 몸뿐이 아니라 마음까지 앉는 것이다. 그러나 점차 입식생활이 일반화 되면서, "일단 앉자!" "일단 앉아서 이야기하자."는 말은 실생활에서 사라지는 관용구가 되고 말았다.

그러나 입식생활을 하는 사람들에게 방바닥에 앉는 행위는 모욕적일 수 있다. 과거 기독교도들은 바닥에 앉아 생활하던 이슬람교도를 단지 바닥에 앉아 생활한다는 이유만으로 조롱하기도 했다. 그런 사람에게 더구나 무릎까지 꿇고 바닥에 앉아 있으라고 하면 심정적 차원에서, 그 행위가 주는 감수성이 한국인과 똑같을 수 없을 것 같다. 그래서 아이들이 입식생활을 하는지 좌식생활을 하는지에 따라서, 교실바닥이나 방바닥에 꿇어앉게 하는 벌이 교육적 성과를 얻을 수도 있고 그렇지 않을 수도 있다.

스킨십을 좋아하는 한국인°

　　따뜻하고 깨끗한 방바닥에 앉아서 생활하는 방식은 한국인만의 독특한 행동패턴을 만들었다. 그중에서 우리가 가장 흔하게 접하는 것이 여인들의 손잡기 문화다. 한국 여성은 다른 나라 여성보다 손잡기를 좋아한다. 그냥 좋아하는 것이 아니라 참 좋아한다. 우리나라를 방문한 외국인 중 여전히 적지 않은 사람들이 한국에는 레즈비언이 많다는 의심을 거두지 않는다. 동성끼리의 스킨십을 자제하는 서양인 눈에는 다정하게 손잡고 다니는 한국 여자들이 낯설게 보이는 모양이다. 동성애자라는 의심을 받을 정도라면, 한국 여성들의 손잡기 문화가 좀 유난스러운 데가 있기는 하다. 사실 개인적으로도 학창시절로 기억을 돌려보면 여학생들이 손을 잡고 다니는 것은 물론이고, 아예 화장실까지 같이 들어가는 것을 여러 번 보았다. 도대체 그 좁은 화장실에 둘이 들어가서 무엇을 하는지! 이 독특한 문화는 여전히 우리 주변에 남아있다. 마치 유럽인이 목욕탕에서도 신발을 신는 습관처럼 쉽게 없어지지 않을 습관 중 하나로 보인다. 여자들이 손을 잡고 다니는 대상도 다양하다. 가까운 친구도 있고, 단지 몇 번 만난 이웃도 있다. 어머니와 딸도 손을 잘 잡고 다닌다. 한국 여성들이 손을 잡고 다니는 데에는 나이의 많고 적음도 관계가 없다. 그러니까 한국 여성은 손잡는 것 자체에 집착하는 것은 아닐까 하는 생각이 들 정도다. 분명한 것은 서로 손을 잡는 행위를 통해서 마음의 평안을 얻는다는 점이다.

손잡기는 당연히 스킨십의 한 형태다. 여자들의 손잡기가 일상적이라면, 한국인의 스킨십이 어느 날 갑자기 생긴 습관은 아니라는 걸 짐작할 수 있다. 사람에 따라서는 스킨십이 서양인에게 더 발달했으리라고 믿는다. 그러나 알고 보면, 스킨십은 우리에게서 훨씬 발달했다. 스킨십이라는 단어를 들으면 서양인을 먼저 떠올리는 이유는 아마도 1970년대 스크린에서의 경험 때문일 것이다. 아직 모든 것이 부족하던 당시에 텔레비전은 국민 모두의 오락을 담당하는 중요한 매체였다. 온통 새마을운동으로 잘 살아보자며, 노동을 강조하던 당시 잠깐씩 남는 자투리 시간은 텔레비전에 바쳐졌다. 당시 텔레비전에서 상영했던 서양영화에 등장하는 남녀는 서로의 애정표현을 (당시 한국 사회 기준으로는) 너무 과도하게 하는 경향이 있었다. 화면에서 쏟아지는 에로틱한 장면 때문에 부모와 자식 간에 몸 둘 바를 모르고 당황하면서 딴청을 피우던 시절이 있었다. 그 기억이 우리 뇌리에 강하게 남아 스킨십 하면 서양 사람을 먼저 떠올리게 한다. 그래서 스킨십은 뒤에서 보는 살정보다 확실히 시각적이다. 그러나 남녀 간의 애정에 국한된 스킨십이 아니라면, 스킨십은 한국인이 서양인보다 훨씬 익숙하고 오래되었다. 한국인에게 스킨십이 발달한 이유는 단순하다.

촉각을 즐기는 사람들 °

첫 번째로 한국인은 따뜻함 자체를 좋
아한다. 손을 잡으면 따뜻하다. 한국인이 따뜻함을 사랑
하게 만든 건 주거문화였다. 추운 겨울 온몸을 녹여주는
구들을 겪어본 사람이라면, 결코 구들을 떠나서 살 수
없었다. 한국인이 수천 년 동안 구들을 포기하지 않고
발전시켜온 이유다. 그런데 같은 난방시설이라고 해도,
구들의 따뜻함은 모닥불이나 벽난로가 주는 따뜻함과
다르다. 우리가 좋아하는 것은 불에서 직접 나오는 뜨거
운 열기가 아니라 구들의 따뜻함, 즉 표면에 밀착된 느
낌의 따뜻함이다. 나이가 든 사람은 허리가 아프면 바로
아랫목에 허리를 지져야겠다고 말하는데, 이때 허리를
지진다는 것은 아랫목의 촉감에 몰입하는 것이다. 따뜻
한 촉감은 우리에게 익숙하다. 손을 잡는 행위는 이 익
숙함을 반복하는 것이다. 스킨십이 발달한 두 번째 이유
는 이 촉감을 즐기는 습성이다. 기본적으로 서양 사람들
이 시각적이라면, 한국인은 촉각적이다. 그래서 서양 사
람은 형태와 색에 민감한 반응을 보인다. 색은 볼 수 있
지만 대상의 물성을 없앤다는 점에서 촉각적이지 않다.

예를 들어서 건물의 기둥에 색을 입히면 나무의 고유한 물성物性을 가리고, 물성에서 느낄 수 있는 촉감을 망친다. 색을 칠하는 순간 나무가 갖는 독특한 질감이 사라지고, 눈에 보이는 색만 남는다. 그래서 한국인은 전통적으로 집에 색을 칠하지 않았다. 사찰이나 궁궐처럼 권위를 특별히 내세워야 하는 곳이 아니라면, 건축에 굳이 색을 쓰지 않았다. 촉감 자체를 즐기기 때문이다. 방바닥의 따뜻한 촉감은 눈으로 봐서는 알 수 없다. 손으로 발로 온몸의 피부로 느껴야 알 수 있다. 우리 주거생활 자체가 늘 촉각적인 상황들을 만들어냈다. 여인들의 손잡기는 따뜻함과 촉감을 동시에 만족시켜주었다.

우리의 감성은 서양 사람들보다 훨씬 은근하다. 직접적으로 열기를 뿜어내는 뜨거운 벽난로가 아니라 은근하게 열기를 전하는 구들을 썼기 때문이다. 서양 사람은 시각적이고 논리적이어서, 사랑하는 사람끼리 끊임없이 사랑한다는 말을 나누어야 한다. 그렇지 않으면 상대방이 나를 사랑하는지 안 하는지 알 수가 없다. 그런데 우리는 "사랑해!"라고 말하지 않았다. 대신 끊임없이 촉각적으로 소통했다. 우리가 시각보다 촉각을 중시 여긴 것은 한옥의 독특한 자연주의와 관계가 있다. 산업혁명으로 지금까지 변화한 인간 문화는 촉각 대신 시각을 발전시켰다. 과거의 스포츠가 실제적이고 촉각적이었다면, 최근의 스포츠는 현상적이고 시각적이다. 마당놀이처럼 참여적이고 촉각적인 놀이는 영화나 게임처럼 시각적인 놀이가 되었다. 직업도 마찬가지다. 최근에는 하루 종일 모니터를 바라보는 직업이 수도 없이 많아졌다. 출판사의 직원이나 신문사의 직원만 그런 것이 아니다. 거의 모든 직종에 있는 사람들이 하루 대부분을 모니터를 보면서 보낸다. 글을 쓰는 필자 역시 하루의 상당 시간을 모니터 앞에서 보낸다. 원고지의 질감, 종이를 긁어대는 펜의 촉감. 이 모두가 모니터에서 명멸하는 커서로 통일 되었다. 그래서 촉각은 시각보다 훨씬 자연주의적 취향이다. 인간 문화가 원시 자연을 훼손했다고 주장하는 자연주의자 루소는 촉각적인 기분을 중시했다. 그의 참회록에서 자기가 사랑한 바랑 부인에게 "당신은 나를 사랑하나요?"라고 한 번도 묻고 싶었던 적이 없었다고 고백한다. 루소는 바랑부인과 촉각적인 느낌만으로도 만족했다. 자연주의와 촉각적인 감성은 어느 정도 관계가 있다.

작은 집이 키운 스킨십 °

　　　　　스킨십을 발달시킨 세 번째 동력은 '작은' 집이다. 다른 나라 살림집은 건물의 크기에 관심이 많다. 날씨가 추운 곳이라면 추운 날씨를 피해서 집안일을 모두 실내에서 해결해야 하기 때문이다. 한정된 건물

내에서 생활하려다 보니 건물 규모도 커질 수밖에 없다. 그래서 마당도 건물 안에 중정 형태로 들이는 것이 보통이다. 이에 비해서 한옥은 오히려 작은 집을 선호했다. 그래야만 따뜻하게 할 수 있기 때문이다. 그래서 한옥의 실내는 아주 작다. 방도 작고 방의 숫자도 적다. 보통 이런 집을 초가삼간이라고 하는데, 흙으로 지어진 볼품없는 초가삼간은 한때 반만년 가난의 역사를 증명하는 증거로 제시될 정도였다. "우리 민족이 오천 년 동안 얼마나 가난하게 살았는지 초가삼간을 봐라. 이 가난한 나라를 이렇게 살게 해준 사람이 박정희 대통령이다." 뭐 이런 이야기를 어려서 들으면서 자랐다. 그러나 이는 한옥을 제대로 모르기 때문에 하는 이야기다. 한옥은 아주 따뜻한 집이었다. 유럽에서는 겨울이 되면 집 없는 사람들이 수없이 얼어 죽어야 했다. 한옥은 집이 작고 짓기 쉬워, 한반도에서 일가구일주택은 아주 오래 전에 이루어졌다. 우리가 집을 작게 지은 것은 가난 때문이 아니라 열을 효율적으로 쓰기 위해서다.

세계의 모든 민중이 가난하던 시절, 한반도에 살던 민중이 선택한 방법은 매우 합리적이었다. 건물을 작게 짓고 대신 건물 밖에 마당을 크게 확보하여 건축비를 최소화했다. 이는 구들이라는 난방장치가 있어서 가능한 전략이었다. 그래서 형편이 어려운 집이라면, 할아버지 할머니 아버지 어머니 아들 딸, 온가족이 작은 방 한

두 개에서 모여 살기도 했다. 옛날에는 지금보다 사생활에 민감하지 않아서 가능한 일이었다. 과거에는 결혼식이 있는 날 밤이면, 짓궂은 사람들이 몰려가 신랑신부가 자는 방의 창호지에 손가락으로 구멍을 뚫어서 신혼부부의 내밀한 관계를 훔쳐보기도 할 만큼 사생활에 너그러웠다. 지금 그런 일이 발생한다면, 관음증이 어떻고 변태가 어쩌고 해서, 창호지에 구멍을 낸 사람이 법정에 서야 할 일이지만, 당시에는 이런 정도로는 심각하게 사회문제가 되지 않았다. 더구나 당시 사생활이 엄격하게 보호되지 못한 것은 우리만의 문제가 아니었다. 따지고 보면 사생활에 관한 한 유럽이 우리보다 더 취약했다고 할 수 있다. 그 이유는 겨울의 추위 때문이다. 공주를 지키는 근위대가 너무 추워서 공주가 자는 방에 들어가 공주와 함께 머물 정도였다니 더 말해 무엇 하겠는가. 한겨울 유럽의 어떤 왕궁에서 공주가 품위 있게 앉아 책을 보는 모습은 영화에서나 가능하지 현실에서는 불가능했다. 한국의 주거문화를 공정하게 보려면, 통시적으로 다른 나라의 주거문화와 비교하여 평가할 필요가 있다. 어쨌든 우리는 작은 집에서 끊임없이 서로를 어루만지고, 복닥거리면서 체온을 나누고 살았다.

한국인이 서로의 살을 비비는 데 관대하고 익숙한 이유는 가족 모두가 방 하나에 그리고 그중에서도 아랫목에 몰려서 지냈기 때문이다. 서양 사람은 침대라는 개인 잠자리를 이용한다. 즉 하나의 공간에서 가족이 같이 살아도 잠자리가 분리된다. 그러나 우리는 가족이 모두 하나의 잠자리에서 잠을 청했다. 하루 종일 서로의 피부를 부비며 살 수밖에 없었다. 서로의 배에 다리를 올려놓고 깊은 잠에 빠진 형제의 잠버릇은 만화가들도 흔히 그리던 친근한 이미지다. 나이가 지긋한 사람에게는 아랫목에 발을 찔러 넣고, 둘러앉아서 서로 발장난을 치며 겨울을 나던 추억이 남아 있다. 전통한옥에서는 스킨십이 발달할 수밖에 없는 생활이 반복되었다.

아이를 살리는 스킨십°

서양에서는 가족 간의 스킨십이 중요하다는 것을 오히려 뒤늦게야 깨달았다. 스킨십은 인간이 추구하는 행복과도 밀접한 관계가 있다. 어린 아이에게 스킨십은 매우 중요하다. 특히 갓난아이라면 생존과도 직접 관련된다. 갓난아이의 세상에 대한 이해는 시각보다 촉각에 의지해서 시작된다. 아이는 어머니의 자궁에서 양수의 출렁임을 촉각으로 느끼면서 생명을 유지하고, 어머니에게서 분리되어 나오는 마지막 순간에도 좁은 자궁과의 강한 피부접촉을 통해서 세상과 처음 대면한다. 아이는 태어나서도 어머니의 피부에 붙어서 산다.

58

아이가 이 세상과 하는 첫 대화는 모두 피부를 통한 것이다. 아이는 처음 태어나서는 시청후미촉視聽嗅味觸 다섯 개의 감각을 구분하지 못한다. 깜깜한 방에서 들리는 소리를 잡기 위해 손을 뻗는 식이다. 이 기간이 6개월 정도가 되는데, 이 기간 동안 다양한 자극을 받으며 아이의 뇌가 좌뇌와 우뇌로 분리된다. 이때까지 촉각이 모든 감각을 대신하기 때문에 스킨십은 아이에게 더없이 중요하다. 여기서 말하는 촉각은 시청후미촉으로 세분한 촉각이 아니라 아직 감각이 분화되기 전 총체적인 감각이다. 들뢰즈가 말하는 '기관 없는 신체'에 해당한다고 할 것이다. 아무튼 촉각을 통한 다양한 자극은 유아가 세상에 정착하는 데에 직접적으로 도움을 준다. 대체로 2~3세까지의 유아에게 스킨십은 매우 중요하다. 이 시기 유아에게 스킨십은 정서는 물론이고 뇌에도 중요한 영향을 준다. 유아에게 피부는 뇌와 마찬가지다.

유아에게 스킨십이 얼마나 중요한지 보여주는 사례가 있다. 필리스 데이비스가 쓴 《스킨십의 심리학》(책비)에는 1차 세계대전 전 독일의 한 소아과 병동에서 있었던 일이 소개되어 있다. 거기에는 애나라는 풍만한 체격의 여성이 등장하는데, 그녀는 단지 아이를 안고 병원을 어슬렁거리는 것만으로도 아이 생명 여럿을 구했다. 아이를 안고 어슬렁거리는 것만으로 아이의 생명을 구했다는 말이 너무 막연하다면, 이제 고인이 된 이규태 씨

가 조선일보의 '이규태 코너'에 실렸던 이야기가 도움이
될 수 있다.

　2차 세계대전이 끝나고, 패전국이 된 이탈리아는 경
제적으로 매우 곤궁한 처지였다. 그 당시 시칠리아 섬에
서 있었던 일이다. 시칠리아 섬에는 산이 하나 있었는데,
이 산을 사이에 두고 양쪽에 고아원이 하나씩 있었다.
하나는 승전국인 연합군과 자매결연을 맺어서 고아원
시설도 좋았고, 분유도 충분히 공급되었다. 다른 쪽에
있던 고아원은 이탈리아에서 운영하고 있어서, 시설이
좋지 않았다. 비도 새고 바람도 제대로 막지 못하는 건
물이었다. 결정적으로 아이들이 먹을 분유조차 제대로
공급되지 않았다. 그런데 몇 년이 지난 후에 두 고아원에
서의 영아사망률 자료를 받아 든 학자들은 깜짝 놀랐다.
상식적으로는 가난한 이탈리아 정부가 운영하는 고아원
의 영아사망률이 더 높아야 했지만, 결과는 연합군 측의
도움을 받아 모든 것이 풍족했던 고아원의 영아사망률
이 훨씬 높았다. 무려 60%나 많았다. 그만큼 많이 죽은
것이다. 그래서 당시 이 문제는 학자들의 초미의 관심거
리가 되었다. 이 특이한 결과를 만들어낸 원인을 추적하
던 학자들은 가난한 고아원에서 일어난 사건에 주목했
다. 그곳에는 정신이 온전치 않은 여자가 들어와 있었는
데, 그 여자가 아이들을 돌아가면서 계속 안아주었던 것
이다. 이 여자의 정신에 문제가 생긴 것은 전쟁 통에 아

이를 잃어버렸기 때문인데, 고아원의 아이들을 자신의 아이라고 착각하고 돌아가면서 진심을 다해서 계속 안아주고 얼러주었다는 것이다. 결국 학자들은 미친 여자의 품이 영아생존율에 영향을 주었다는 결론에 도달한다. 스킨십이 생명도 살릴 수 있다는 걸 보여주는 실제 예다.

한국인을 키운 스킨십°

애나의 예에서 본 것처럼 독일에서 스킨십에 대한 관심이 커지고 있을 때, 당시 영미英美 쪽에서는 아이를 안아주면 버릇이 나빠진다며, 아이가 울어도 안아주지 않아야 한다는 교육법이 보편적이었다. 그러나 위에서 본 것처럼 안아주는 것 자체만으로도 아이의 생명을 구할 수 있다. 특히 생후 1개월 동안 스킨십이 없으면 그런 상황은 유아에게 치명적이다. 상식적으로도 어머니의 뱃속에서 10개월 동안 촉감으로만 세상을 인지하고 느끼며 살다가 밖으로 나온 아이에게 세상은 허허벌판이나 다름없다. 그건 마치 빌딩이 빽빽한 도시에 살다가 사하라사막에 알몸으로 버려진 도시인과 다름없다. 그 급작스러운 환경변화를 극복하는 방법은 결국 어머니의 스킨십이다. 그런 점에서 보면 스킨십에 대한 욕구는 본능적이다. 사실 어린 아이만 그런 것도 아니다. 성인도 끊임없이 스킨십을 통해서 마음의 안정을 찾는다. 한국 여성들의 스킨십은 이미 앞에서 충분히 이야기 했지만, 남성이라고 다르지 않다. 씩씩한 남성이 사랑하는 여인의 뒤를 졸졸 따라다니며 스킨십을 요구하는 것은 사실 우스운 모습이지만, 이를 나무랄 수는 없다. 제 아무리 씩씩한 남성이라도 여성과의 스킨십을 떠나서는 안정된 마음을 유지할 수 없다. 즉 스킨십은 어린 아이에게만 중요한 것이 아니다. 성인은 스킨십을 통해 서로의 관계를 확인하고, 마음의 안정을 찾는 데 도움을 받는다. 그런 점에서 보면 한국인의 좌식생활은 축복이다. 특히 아랫목 문화가 있는 한국에서만큼 스킨십이 발달한 곳을 찾기는 쉽지 않다. 유럽에서 체온을 나누어주는 문화는 생각보다 크게 발달하지 않았다. 그 예를 우리는 유명한 루소에게서 찾을 수 있다.

《에밀》을 쓰기도 한 루소는 자기가 낳은 아이를 자기 삶의 방해물로 여기기 일쑤였다. 그런데, 이런 태도가 루소만의 것은 아니었다. 그가 쓴《참회록》(동서문화사)에는 그가 첫 아이를 고아원으로 보내기 전, 가까운 사람들과 어울리며 나누던 대화가 비교적 소상하게 기록되어 있다.

여기서 무척 재미있는 일화들을 많이 들었고, 동시에 또 이

패들 사이에 불문율로 되어 있는 도덕이 아니라 인생의 교훈을 눈으로 보고 배우게끔 되었다. 궁지에 빠지게 된 인간, 배반당한 남편, 유혹받은 아내, 남이 알아서는 안 될 출산 등 그러한 것들이 여기서 나오는 화제였고, 고아원에 아이를 가장 많이 맡긴 사람이 언제나 가장 칭찬을 받았다. 그 이야기에 나도 마음이 끌렸다. 가장 사랑스런 사람들, 그런 사람들 사이에 행해지고 있는 사고방식을 토대로 나의 사고방식을 정했다.

그는 이런 사고방식에 따라 자기가 낳은 자식들을 차례로 고아원으로 보냈고, 끝내 그들을 한 번도 만나지 않았으며 그들의 생사조차 몰랐다. 그러면서도 전혀 양심의 가책 없이 디드로 볼테르 등과 교류하며 사상가로 성공한다. 실제 60~70년대 서양영화에서 엄마와 아이가 같이 등장하는 경우에, 아이와 엄마가 붙어서 무언가 소통하기보다는 아이는 어머니에게서 분리되어 해먹 같은 곳에 놓여 있고, 어른끼리 어울리는 장면을 여러 번 보았다. 그렇지만 한국에서 엄마와 아이의 관계는 달랐다.

우리에게 익숙한 어머니상은 이렇다. 머리에 짐을 지고 등에는 아이를 업고 한쪽 손에는 다른 아이의 손을 잡고 걷는 이미지다. 이것이 한국인의 전통적인 어머니상이다. 이런 이미지에서 우리는 가족 간의 스킨십이 어려서부터 매우 조밀하게 발달했다는 걸 알 수 있다. 밭

일을 할 때도 아이를 업고 할 정도로 스킨십은 우리에게 생활화되어 있었다. 그래서 정서적으로 보면 우리나라 사람은 매우 안정되어 있다고 할 수 있다. 한국인에게 뭔 정이 그렇게 많은지 궁금했다면, 그 원인은 여기에 있다.

그런데 안타깝게도 우리 생활에서 스킨십은 점차 사라져가고 있다. 가족의 공동생활 공간이 개인적 공간으로 분리되면서 생긴 일이다. 하지만, 우리 스킨십 문화를 보존하는 것은 중요한 일이다. 스킨십은 개인적으로는 인격형성은 물론 지적능력 향상에도 크게 도움을 줄 뿐 아니라, 사회적으로도 공감능력을 키워 사회에 적응하는 데 유리하다. 그래서 아이들에게 무조건 개인 방을 내주는 것이 바람직한지에 대해 진지하게 고민할 필요가 있다. 여유가 있는 집에서는 아이들 수만큼 방을 마련하는데, 이런 삶이 더 낫다고 장담할 수 없다. 아이들은 서로 부딪히면서 다투고 때로는 양보하면서 살아가는 것이 사회성을 키우는 데도 좋고, 형제간의 정을 쌓는 데도 도움이 된다. 형제애는 피부를 맞대고 다투고 양보하면서 깊어진다. 돈만 있으면 모든 것이 해결된다고 믿는 사람들이 많지만, 사회적 동물인 사람은 혼자만으로는 도저히 행복해질 수 없다. 끊임없이 서로에 의지하며 살아가야 한다. 오히려 모두 각자의 방이 있고, 서로의 삶에 관여하지 않으면서 남의 비극에 너무 냉정해지고 있는 것은 아닌지 생각해야 한다.

물론 인간의 행복이 타인과의 스킨십과 공감 속에서만 도달될 수 있다는 생각이 고루해 보일 수도 있다. 사람에 따라서는 고립을 통해 해탈에 도달하기도 하니까. 요즘은 석가모니처럼 해탈을 목적으로 하지 않아도 고립을 통해 행복에 이르는 사람이 늘어나고 있는 것 같다. 연애하지 않을 권리까지 주장하는 것을 보면 스킨십이 행복이라는 주장은 이미 한물간 주제인지도 모르겠다. 혼밥과 혼술이 장안의 화제가 된 지 이미 오래 전이다. 혼자 술을 마시고 밥을 먹는 모습이 더 이상 낯설지 않다. 하지만 손잡는 한국 여성은 유럽인보다 행복할 조건을 하나쯤은 더 갖고 있는 셈이다.

3장

살정에서 스킨십으로

살정과 스킨십°

　　이쯤에서 살정에 대해 이야기해야 할 것 같다. 살정은 스킨십과 비슷한 말이지만 많이 다르다. 살정이 과거 한국인의 감성을 나타낸다면, 스킨십은 최근에 만들어 사용하는 말이다.(포털 다음의 사전에서 스킨십은 일본에서 만들어진 단어라고 적고 있다.) 두 단어는 그만큼 차이가 날 수밖에 없다. 스킨십이 피부 접촉을 통한 일체의 애정 교류를 뭉뚱그린 중립적 표현이라면, 살정은 추운 겨울 실내의 아랫목에 모여 살며 자연스럽게 생긴 한국인만의 독특한 정서다. 살정이 한국인의 삶 속에서 자라나서 한국인의 삶 전체와 근본적인 관계를 형성하고 있다면, 스킨십은 좀 더 포괄적이고 일반적인 개념으로 애정을 주고받는 일체의 행태라고 할 수 있다. 살정은 말 그대로 살을 부비면서 든 정으로 주거문화 속에서 생긴 한국인 고유의 감성이다. 생활 속의 잦은 접촉에서 살정이 나왔지만, 살정은 거꾸로 한국인만의 독특한 스킨십을 낳기도 했다. 요즘은 생활이 서구화되다 보니 가족끼리 몸을 부빌 기회가 점점 적어지고 있다. 그래서 언제부턴가 살정이라고 하면 부부의 정으로 한정해서 말하는 경우가 많아졌다. 그러나 우리에게 살정은 성적인 개념과 다르고 범위도 훨씬 넓다.

살정은 한국인의 생활 속에서 끊임없이 강화되었는데, 그 양상은 어린이의 놀이에서도 나타난다. 어릴 때의 기억을 열어보면 우리는 끊임없이 서로의 피부를 부비면서 놀았다. 동무들이 다리를 뻗은 채 마주보고 앉아서 서로의 가랑이에 서로의 다리를 넣고서, '이 거리 저 거리 각 거리' 하던 놀이를 기억하는 사람이 아직도 많다. 서로의 다리를 다리로 부비면서, 그 다리를 다시 손으로 부비면서 놀았다. 쌀보리 놀이도 마찬가지다. 한 사람은 양손을 모아 벌리고 다른 한 사람은 주먹을 쥐고 그 주먹을 상대방의 손주머니 속에 넣었다 빼며 쌀보리를 외치던 놀이도 서로 살을 부비는 행위다. 가까이 마주앉아 상대방의 손에서 실을 옮기면서 놀던 실뜨기 놀이 역시 서로의 피부를 건드리며 노는 놀이다. 이처럼 무수한 놀이를 통해 우리는 살을 부비는 행동을 강화했다. 이 숱한 놀이들은 추운 겨울 작은 실내에서 가까운 이들끼리 놀 수 있는 것들이다. 끊임없이 서로의 피부를 닿게 하는 놀이 문화는 우리의 신체접촉이 생활 속에서 얼마나 빈번하게 일어났는지를 확인해준다. 온몸을 서로 부비며 살았지만, 특히 손을 이용한 스킨십이 발달했다. 위에서 본 놀이도 모두 손을 이용한 것이다. 앉아서 생활하기 때문에 불가피한 일이기도 했다. 추운 겨울 아랫목에서 지루한 겨울을 보내기에 이보다 더 좋은 놀이는 없었다. 그러다보니 우리의 촉각은 특히 손을 통해 발달했다. 우리 주거생활 자체가 끊임없이 손을 움직이게 만들었기 때문에, 한국인은 손재주가 좋을 수밖에 없다.

춤을 출 때도 한국인은 발보다는 팔에 무게 중심이 있다. 이제 고인이 된 마이클 잭슨은 그의 노래 〈빌리진 Billie Jean〉으로 많은 사람의 사랑을 한 몸에 받았다. 잭슨이 노래를 부르면, 사람들은 그의 몸짓 하나하나에 열광했다. 그런데 그의 춤을 하나하나 뜯어보면, 하체를 많이 움직인다. 발을 들어 앞차기를 하는가 하면 발만을 리드미컬하게 움직이기도 한다. 그의 전매특허인 뒤로 걷는 춤, 문워크는 마이클 잭슨의 춤과 관중의 호응을 절정으로 이끌었다. 이에 비해서 한국가수들은 다리를 상대적으로 덜 움직인다. 국제무대를 겨냥해서 만든 그룹 원더걸스가 〈노바디〉를 부르며 안무를 하는 모습을 보면, 계속 자리를 바꾸기는 하지만, 주로 팔을 이용하여 안무를 진행한다. 국제무대에 진출하기 위해 어려서부터 기획 훈련된 가수, 보아조차 여기에서 크게 예외가 아니다. 〈넘버원〉을 부르는 보아 역시 자신의 음악적 표현을 위해 다리보다는 팔을 더 많이 쓴다. 과거 우리는 덩실덩실 어깨춤을 추고, 팔락팔락 팔을 흔드는 춤을 추었다. 다리는 여기에 보조를 맞추는 정도였다. 이 모두 작은 공간에서 앉아서 생활하던 문화가 남긴 한국인의 습관이라고 할 수 있다. 그러나 이도 변하고 있다. 최근 미국을 강타한 방탄소년단의 안무에서 그 변화를 확인할 수 있다.

우리나라 여자들이 손을 잡고 다니는 행위는 살정에서 시작했다. 즉 살정이 스킨십을 만들고, 스킨십은 다시 서로에게 안정감을 주는 생활양식으로 자리 잡았다. 실제로 누군가와 이야기할 때 손을 잡는 것만으로도 전혀 다른 느낌을 주고받는다. 그래서 목사처럼 정서적 용역을 제공하는 직업에 종사하는 사람은 사람들의 손을 잡는 데 적극적이다. 정치인이 손이 아프다고 하면서도 선거철만 되면 악착같이 유권자의 손을 잡는 이유다. 손을 잡는다는 것만으로도 공감의 정도에서 큰 차이가 난다. 못 믿겠다면 오늘 당장 가족의 손을 잡고 이야기해보자. 단지 손이 닿는 것만으로도 사람의 마음에 파문을 일으킬 수 있다. 《스킨십의 심리학》에 등장하는 한 실험에서, 도서관 사서가 학생들에게 책을 빌려줄 때 한 부류에게는 그냥 책을 넘겨주었고 다른 한 부류에게는 책을 넘겨주면서 손을 살짝 닿게 했다. 그리고 학생 입장에서 느끼는 감정을 조사했다. 조사결과 책을 받을 때 손이 닿았던 학생들은 자신이 더 배려 받는 느낌이었다고 답했다. 그만큼 공감에 있어서 손은 마력이 있다. 사랑을 쌓아가는 남녀가 서로에게 손을 내미는 것은 서로에게 마음을 연다는 의미다. 손이라는 몸을 통해 마음을 전달하는 것이다. 한국인의 마음의 문은 손끝에 있는 셈이다. 서양 사람들은 남녀가 만나면 바로 입술을 맞추지만, 우리는 조금씩 거리를 좁혀 서로의 체취를 느끼며 촉각적 익숙함을 선행시킨다. 이때 손은 촉감을 매개해주는 매우 중요한 부위다. 그래서 한국 남녀가 손을 잡는 행위는 다른 나라 사람들의 행위와는 다른 차원에서 봐야 한다. 단순히 성적인 관계로 가기 위한 전 단계라기보다 좀 더 가까운 친구와 가족 차원의 정서적 관계로 진행된다는 의미가 강하다고 봐야 한다.

때밀이가 있는 나라

손이 왜 특별한지는 목욕탕에서 확인할 수 있다. 한국인은 옷을 홀러덩 벗고, 자유롭게 다니면서 남에게 때를 밀어달라고 하는 데 스스럼이 없었다. 요즘은 등을 내밀면서 때를 밀어달라는 사람을 보기 어렵지만, 옛날에는 정말 그랬다. 개인적으로 목욕탕에 거의 가지 않는데, 그러다 보니 문화지체 현상을 겪은 경험이 있다. 아주 오랜만에 목욕탕에 가서 겪었던 이야기다. 일단 목욕탕이 사우나탕으로 이름을 바꾸고 화려해져 있었다. 자연스럽게 목욕을 하다 옆에 있는 사람에게 등 좀 밀어달라고 부탁했다. 그런데 그 사람의 표정에는 순간 당황스러운 빛이 역력했다. 그때서야 그날 목욕탕에서 사람들이 서로 등을 밀어주는 모습을 한 번도 보지 못했다는 걸 기억해냈다. 시대가 바뀐 것이다. 하지만, 그 사람은 이내 표정을 다잡고 쾌히 등짝을 밀어주었다. 더 재미있는 것은 등을 밀어준 다음에 자신의 등짝을 내게 내미는 것이었다. 내 피부가 남의 피부에 닿는 것에 한국인이 크게 부담을 느끼지 않는 것은 틀림없어 보인다. 그런데 등짝을 밀어주는 사이라고 해서 서로 지긋이 손을 잡지는 않는다. 그런 점에서 보면 등짝과 손은 다르다. 손은 특별히 정서적 공감을 일으킨다.

서로 몸을 부딪치는 전통은 아주 오래된 것이다. 중국 남북조 시대에 쓰인 《주서周書》의 고구려조에는 이런 기록이 나온다.

친하거나 소원함에 구애받지 않고 같은 냇물에 들어가 목욕을 하거나 같은 방에서 잠을 잔다.

생각해보면, 얼마 전 우리 한국인이 살던 모습과 다르지 않다. 어찌 됐든 서양 사람들 중에는 한국의 목욕탕 때밀이 문화를 매우 낯설게 여기는 이가 있다. 그런데 때밀이 문화는 이슬람 지역에도 있다. 이 사람들도 의외

72

로 서로의 피부접촉에 관대하다는 걸 알 수 있다. 이슬람 지역은 더운 지역이기 때문에 우리처럼 바닥 생활을 한다. 스킨십이 강할 수 있는 문화다. 여성들에게 히잡을 강요하는 이유도 이와 무관하지 않을 수 있다. 요즘 한국에서는 세신사洗身士라는 말을 쓰는데, 어쨌든 때밀이 문화가 좌식생활과 전혀 무관한 것 같지는 않다.

손 잡는 여자, 잔 돌리는 남자°

민족마다 지역마다 술 마시는 풍습에 차이가 있다. 혼자 침대에서 자는 주거문화가 발달한 서양에서는 자기 잔에 자기가 따라 마시는 자작문화가 발달했다. 또 지역에 따라서는 건배를 중시하는 문화도 있다. 한국인의 술 문화는 다른 나라 사람들이 보기에 좀 특별해 보인다. 요즘이야 술잔 돌리기를 강요하지 않지만, 얼마 전까지만 해도 남자들은 술잔을 돌려야만 흥과 의리가 생기는 기분에 고취되고는 했다. 자신이 마신 잔을 친구나 동료에게 쉽게 건네주고 건네받았다. 촛불집회가 한창이던 당시 장제원 의원이 한 종편 프로그램에 나와서 이와 관련된 자신의 경험을 들려주었다. 어떤 모임에서 자신이 당시 당대표이던 박근혜 전 대통령의 술잔을 비우는 흑기사 역할을 했는데, 그 잔에 박 대표가

73

입술을 댔다고 영광으로 알고 가보로 삼으라는 말을 주변에 앉은 사람들에게 들었다며 어이없었다는 표정을 지어보였다. 살정과 한솥밥 문화의 단면을 볼 수 있는 대목이다. 정치인으로 보스와 그 수하의 관계로 본다면 우리 문화를 잘 드러내는 일화다. 사실 이런 문화가 위생학적으로는 심각한 문제가 될 수도 있지만, 한국인은 그렇게 하는 데 크게 이질감을 느끼지 못했다. 입에 묻은 음식이 잔에 덕지덕지 붙었어도 손으로 슥 문지르고 잔을 채워 주었다. 서로 그 부분을 크게 개의치 않았다. 오히려 이를 통해서 서로의 의리를 확인하는 과정이니 기꺼이 잔을 받았다. 여자들이 손을 잡는 것으로 살정을 해소했다면, 남자들은 자신의 입술 즉 살을 댄 잔을 돌려 마시며 살정을 해소했다. 아버지가 아들을 데리고 목욕탕에 가기 좋아하는 것도 이와 무관하지 않아 보인다. 《수서隋書》 동이 편 고려조에 보면, 고구려 때부터 아비와 아들이 같은 냇물에서 목욕하고, 같은 방에서 잔다고 나온다. 같은 방에서 자는 좌식문화의 전통이 아주 오래된 것임을 알 수 있다.

시선을 맞추지 않는 대화°

필자는 아직도 사람들의 눈을 보면서

이야기하는 데 서툴다. 특히 윗사람과 이야기할 때는 눈을 마주치지 않고 이야기하는 것이 편하고 익숙하다. 눈을 맞대고 말을 하다 보면, "어디서 눈을 똑바로 뜨고" 하는 식의 핀잔을 들을까봐 그런 습관이 생겼지 싶다. 연거푸 정치인 이야기가 나와서 좀 그렇기는 하지만, 예가 적당하기 때문에 다시 적는다. 박근혜 대통령에 대한 탄핵이 진행되던 시기에, 유승민 의원이 모 인터넷 방송에 대선후보 자격으로 출연한 적이 있었다. 그는 방송에서 박근혜 대통령의 눈을 똑바로 보면서 말하는 이가 몇 명 안 되는데, 자신이 그중 하나여서 박근혜 당시 대통령이 싫어했을 것이라고 말했다. 한국 사람의 심성을 잘 보여주는 이야기다. 한국인은 싸울 때 서로 눈을 보는 경우가 많다. 그래서 사람을 보고 있으면, "눈 안 깔아!"라는 위협적인 언사를 듣는 경우도 있다. 친구끼리도 눈을 딱 마주보고 이야기하면 서먹할 때가 있다.

사실 한국인은 농사를 지었기 때문에 가족이든 이웃이든 눈을 꼭 맞출 일이 적었다. 그런데 상업적인 거래가 진행된다면 사람들은 사람의 눈을 보지 않을 수 없다. 상대방의 눈을 마주보며 그 사람의 진실성을 확인할 필요가 있기 때문이다. 거래를 하는 데 거짓말이 있으면 곤란하다. 우리와 유럽 사이에 산업의 차이가 있기는 하지만, 생활 속에서 사람들에게 더 영향을 준 것은 한옥이다. 시각적이기보다 촉각적인 한국인의 생활은 이미 본 것처럼 한옥에 빚지고 있는 것이 많다. 시선 처리 문제만 해도 한옥에서는 아랫목에 발을 모으고 있으면, 이야기를 할 때 서로 눈을 마주칠 일이 상대적으로 적었다. 대화할 때 시선을 산만하게 처리하는 대신 한국인은 상대방의 표정이나 몸짓에 더 많은 관심을 갖는다. 시각적으로 상대방을 파악하는 것이 아니라 촉각적인 분위기를 통해서 상대방을 파악하기 때문이다. 건축이라는 점에서 접근한다면, 외부로 시선이 향하는 마당이 있는 건축과 시선을 집 가운데로 모으는 중정 건축의 차이이기도 하다.

스트롱 페이스 한국인°

다른 나라 사람들은 누군가와 살짝 스치기만 해도 미안하다고 고개를 숙인다. 그러나 한국인은 누군가와 부딪혀도 크게 개의치 않고 지나가는 사람이 많다. 어쩌면 필자도 그런 사람 중 하나였을 것이다. 과거 한국인은 이런 문제로 크게 스트레스 받지 않았다. 서로 그랬으니까. 그런데 이를 못마땅해 하는 사람이 점점 늘고 있다. 한국인이 서구화되면서 새롭게 생긴 사회적 불만이다. 사실을 말하자면 한국인은 생활 속에서 사람들과 부딪히는 일이 일상이었다. 그 사람이 내 손을 지긋이 잡지 않는 이상 문제될 것이 없었다. 한옥은 규모가 작고 그 안에서 공간을 자꾸 바꾸어서 살다보니, 또 아랫목으로 사람이 몰려 살다보니 생긴 일이다. 그래서 한국인은 타인과 몸을 부딪치는 데 익숙하다. 그러니 어쩌다 사람들끼리 살짝 부딪힌다고 해서 불만스러울 까닭이 없다. 그런 것에 화가 날 정도라면, 낯모르는 사람에게 등짝을 들이밀고 때를 밀어달라고 하지도 않았을 것이다. 그러니 좁은 승강기로 들고 날 때 어깨 스치는 일이야 예삿일이었다. 인파가 밀리는 도심에서도 마찬가지다. 어찌 보면 불가피한 일이고, 어느 쪽도 고의성이 있다고 보기 힘든 상황들이다. 그러니 사실 다투고 말일도 아니다. 그러나 요즘 한국인은 이런 상황을 다른 나라 사람과 비교하면서 한국인이 교양이 없다고 몰아친다. 그런데 과거 기준으로 보면, 이런 상황에 화를 내고 사과를 요구하는 사람이 좀 이상하거나 지나치게 타인에게 친절을 요구하는 사람이다.

한국인은 스킨십 즉 누군가와 피부접촉 하는 일이 익숙할 뿐 아니라, 기본적으로 한솥밥 밖의 사람에게 무심하다.(이 부분은 바로 다음 장에서 더 자세하게 설명된다.) 타인을 대할 때 무표정하고, 때로는 무정해 보이기까지 하다. 이 두 가지 한국인의 특성이 결합되어 어깨를 부딪쳐도 사과하지 않는 심성을 만들었을 것이다. 그러나 세상은 바뀌었고, 한국인의 무표정한 태도는 비난의 대상이 되었다. 주거문화가 급격하게 바뀌고, 한국인 자체가 서구화되면서 한국인의 표준 교양이 서양을 따르면서 생긴 일이다.

4장

'은근과 끈기'의 민족이
왜 '빨리빨리'를 좋아할까?

끈기 있고 은근하게

산업사회의 빠른 속도 때문인지 더 이상 한국인이 은근과 끈기의 민족이라는 말을 듣기 어렵다. 그러나 학창시절 '은근과 끈기'라는 말은 매우 익숙한 단어였다. 생각해보면 우리 역사를 표현하는 말로 그만한 것도 없다. 중국, 몽고, 여진, 거란, 일본 등 주변 민족과 끊임없이 다툼을 벌였지만, 반만년 동안 한반도 역사의 주체는 바뀌지 않고 이어져왔다. 해방 이후에도 좌우의 대립, 6·25 전쟁, 그리고 계속되는 정치적 대결 속에서도 민주화와 산업화를 모두 성공적으로 이끌어냈다. 특히 맨땅에서 이룬 성과여서, 이 성과에 대한 한국인의 자부심은 결코 과장된 것이 아니다. 올림픽도 월드컵도 모두 성공적으로 치러냈다. 지난 역사를 돌아보면 '은근과 끈기'라는 말이 공허한 표현은 아니다. 그렇다면 은근과 끈기의 민족성이 어디서 나왔을까?

한옥은 공간의 신축성이 뛰어난 집이다. 초가삼간으로 대표되는 한옥을 보통 작은 집으로 생각하지만, 여름에는 마당까지 생활공간이 되면서 매우 넓은 생활공간을 확보한 집이 한옥이다. 한여름이라면 마당에서 잠을 자기도 했기 때문에 건축 내부의 인구밀도가 매우 낮다. 마치 대궐 같은 규모의 집이라고 해도 좋을 만큼, 여름에는 일인당 사용 면적이 넓어진다. 그러나 겨울이 되면 생활공간은 급격하게 줄어든다. 집안일을 모두 작은 방 하나에서 처리해야만 한다. 방의 크기가 작은 집은 사람이 누워서 위로 팔을 뻗으면 손이 벽에 닿을 정도였다. 호탕하게 마당을 끼고 살던 사람들에게 이렇게 좁은 공간은 견디기 힘들 정도가 된다. 한겨울이면 이 작은 구들방에 만들어진 봉당이라는 작은 실내 마당에서 집안일을 모두 처리해야 했다. 당연히 방 안에 사람의 밀도도 높아질 수밖에 없는데, 계절마다 이 큰 공간의 차이를 감수해야 했다. 이처럼 일 년 주기로 한국인의 생활공간은 큰 폭으로 늘었다가 줄었다 반복하는데, 이 차이를 감내하는 능력이 바로 은근과 끈기라고 할 수 있다. '설마 그것 때문에 은근과 끈기가 생겨?' 반문하는 사람도 있겠지만 물질문명의 반복이 집단 무의식을 형성하여 그 지역의 독특한 관습과 문화를 만든다는 것을 프롤로그에서 이미 확인한 바 있다.

한국인의 은근과 끈기는 근본적으로 난방시설과 관계된다. 위에서 본 마당도 구들을 이용한 난방열을 오랜 시간 보존하기 위해 집을 작게 지으면서, 여분의 생활공간으로 태어났다는 점에서, 구들은 은근과 끈기의 핵심적인 설명 키워드다. 누구나 충분히 생각할 수 있는 것처럼 구들은 벽난로의 장작불처럼 급하게 뜨거워지지 않는다. 구들장이 다 데워지는 데에는 꽤 긴 시간이 필요하다. 신라시대 한 번 불을 넣으면 온기가 100일씩 유지됐다는 아자亞字방은 구들장을 데우는 데만 며칠씩 걸렸다. 이는 구들장에 열을 저장하는 축열蓄熱 과정을 거쳐야 방이 따뜻해지기 때문이다. 그래서 오랜 시간을 끈기 있게 기다려야만 따뜻한 온기를 누릴 수 있다. 긴 시간을 참아내며 구들장을 달구면, 구들장은 결코 한꺼번에 식는 일이 없다. 그 열을 잘 관리하면 은근하게 오래 간다. 한국인을 끈기 있는 민족으로 만든 것은 신축성 있는 공간 활용과 은근한 구들이다.

빨리빨리 문화 °

한국인이 은근과 끈기의 민족인 것은 분명하지만 생활 속으로 들어오면 서로가 서로에게 늘 '빨리빨리'로 몰아붙인다. 한국인은 상대방만 빨리빨리 몰아붙이는 것이 아니라 스스로에게도 끊임없이 '빨리빨리'를 요구한다. 주변에는 자격증을 수집하듯 따는 사람이 여럿 있다. 미래에 대한 불안감도 작용했겠지만, 무언가 성취를 하지 않으면 안 될 것 같아 스스로에게 자격증을 따도록 채찍질하기 때문이다. 미용기술 공인중개사 바리스타처럼 자격증 간에 어떤 공통점도 없는 경우도 있다. 이것도 일종의 빨리빨리 문화라고 할 수 있다.

한국인은 집을 짓고, 이용하는 방법에서 다른 나라와 차이가 크다. 건축이라고 하면, 보통 공간을 나누고 더하는 개념이다. 그러나 한옥은 시간을 나누어 쓰는 데에 관심이 많았다. 이를테면 전통한옥에서는 방에 이불을 깔면 침실이 되고, 이불을 치우고 밥상이 들어오면 식당이 되고, 밥상이 나가고 책을 펴면 공부방이 되는 식이다. 그때그때 공간을 어떻게 이용하는가에 방점을 찍는 문화를 전이문화라고 하는데, 빨리빨리 문화는 여기에서 시작한다. 한국인은 공간을 시간별로 이용하는데, 가족 중 누군가 게으름을 피우면 생활이 곤란해지고 가족 모두의 스케줄이 엉망이 된다. 그러다 보니, 집에서의 생활은 늘 시간이라는 스케줄에 맞추어 돌아가야 한다. 아침에 잠에서 깨면 가족이 다 일어나야 가족 모두의 아침이 시작된다. 낮에도 마찬가지다. 아들이 학교 갔다 돌아오면, 식사가 끝나야 그 자리에서 책을 볼 수 있었다. 이렇게 하나의 공간을 계속 바꾸어 쓰다 보니 가족 모두 '빨리빨리'에 익숙해질 수밖에 없었다. 이 부분이 한옥의 특별한 점이다. 집의 구조에 시간이 들어간다. 시간과 공간을 함께 쓰는 구조가 한옥이다. 아무튼 가족 중 누군가 공간을 바꾸어야 할 때 제때 움직이지 않으면, 그러니까 늦잠을 자는 등의 행동을 하면, 가족 모두의 생활이 지체되고 온 가족의 입에서는 '빨리빨리'가 쏟아져 나온다. 가족이 공동으로 공간을 사용하는 이 독특한 문화 때문에 한국인은 '빨리빨리'라는 말을 늘 입에 달고 살 수밖에 없는 운명이었다.

멀티플레이어 한국인°

전이문화는 그때그때 상황에 따라 움직이는 문화인데, 이와 같은 상황중심 문화는 한국인에게 동시에 여러 가지 일을 하도록 요구했다. 빨리빨리 문화가 발달한 두 번째 이유다. 한국인이 일상에서 몇 가지 일을 동시에 처리하는 경우가 흔했는데, 이런 현상은 한옥 시설에서도 보인다. 하나의 시설로 묶인 아궁이와 부뚜막이 대표적이다. 아궁이가 불을 넣는 곳이라면, 그 위에 솥을 얹는 곳이 부뚜막이다. 겉보기에는 하나의 시설이지만, 불을 넣는 곳과 솥을 올려놓는 곳을 구분해서 부른다. 그 이유는 두 곳의 기능이 다르기 때문이다. 아궁이는 불을 피우기 위해 장작을 넣는 곳으로, 여기에서 시작한 불은 불목을 넘어서 고래로 들어가서 방바닥을 덥히고 연기가 되어 굴뚝으로 나간다. 그리고 부뚜막은 누구나 아는 것처럼 밥을 하고 국을 끓이는 시설이다. 난방이 필요 없는 여름에는 부뚜막을 안마당이나 뒷마당에 추가로 설치해서 취사를 해결했다. 이때 건물 외부에 설치된 부뚜막과 주변을 한데부엌이라고 부른다.

부뚜막과 아궁이가 그리 특별할 것이 없어 보이지만, 한국인에게는 매우 특별하고 중요한 시설물이었다. 20세기 이전 어느 시대 어느 나라에서나 민중은 늘 가난했다. 민초들은 늘 먹을거리를 걱정했다. 먹을 양식조차 구하기 힘든 민초들이 난방비용을 염출하는 일은 결코 녹록치 않았다. 그러다 보니 겨울에 따뜻한 물을 쓴다는 건 언감생심 꿈도 꾸지 못할 일이었다. 그러나 우리는 달랐다. 옛날 겨울의 새벽녘이라면, 어느 집에서나 있었던 일이다. 방바닥에 온기가 다해갈 때쯤, 어머니는 새벽잠을 떨치고 일어났다. 식사 준비를 위해 조용히 부엌으로 나간 어머니가 제일 먼저 하는 일은 새벽녘 식은 구들을 데워서 가족의 달콤한 새벽잠을 돕는 일이었다. 이때 어머니가 가족을 위해 난방을 하는 시간은 동시에 취사를 하는 시간이기도 했다. 아궁이에 불이 제대로 붙었다고 판단되면 어머니는 가마솥에서 찬 기운을 덜어낸 물을 이용해서 아침 식사를 준비한다. 물론 불길이 살아난 부뚜막 위의 솥에는 다시 차가운 물이 채워진다. 아궁이에 불이 잘 살아나면, 이 불을 옆의 다른 아궁이에 옮겨 붙인다. 그러면 한쪽에서 국이 끓고, 다른 쪽에서는 밥이 익어간다. 그렇게 두 개의 불을 잘 이용하면, 부엌 안에서 추운 한기를 몰아낼 수 있고, 따뜻한 물도 계속 사용할 수 있었다. 난방과 취사가 동시에 가능한 부뚜막이 있어서 우리의 겨울은 춥더라도 지낼 만했다.

어머니가 음식을 하는 동안 새벽의 단잠을 보충한 가족은 날이 밝으면 일어나서 방을 정리한다. 방을 식당으로 만들어야 하기 때문이다. 치워진 방으로 밥상이 들어오면 온 가족이 식사를 하고, 그 사이 부뚜막에서는 숭늉이 끓는다. 이처럼 한국인은 생활 속에서 동시에 몇 가지 일을 수행한다. 이처럼 효율성이 높은 난방 기구는 세계 어디에도 없었다. 이건 현대사회에 중요한 생존기술이 될 수 있다. 컴퓨터를 할 때 여러 개의 윈도우를 열어놓고 동시에 작업하는 경우가 많은데 한국인은 이런 멀티시스템에 익숙하다. 물론 상황중심의 생활이 주는 직관적 인식능력 역시 현대사회를 살아가는 데 나쁘지 않은 재주다.

정치인의 욕망, 냄비근성°

냄비근성은 한국인을 이해하는 중요한 키워드로 자리 잡았다. 아닌 게 아니라 일본 정치인의 망언이 전파를 타면 파르르 일어났다가 시간이 지나면 언제 그랬냐는 듯 일상으로 돌아가는 여론을 보면 그런 것 같기도 하다. 부패스캔들이 터지면 또 파르르 일어났다가 시간이 지나면 다시 일상으로 돌아간다. 그리고 이런 경험은 한국인의 냄비근성을 확인하는 증거로 제시되고는 한다. 그러나 정말 그런지는 진지하게 생각해 볼 필요가 있다. 사실 냄비근성이 실제로 존재한다면, 냄비근성은 어느 나라에나 있는 것이 아닐까. 왜냐하면 갑자기 끓어올랐다 식어버리는 성품을 냄비근성이라고 한다면, 이는 어느 정도 여론의 속성과 관계있어 보이기 때문이다.

여론은 어느 곳에서나 흔들리기 마련이다. 그렇다면, 냄비근성은 여론에 민감한 정치인의 욕망이 만들어낸 것은 아닐까. 즉 사람들의 마음을 바꾸려는 정치인의 의도 속에서 냄비근성이 생긴 것이다. 외화外化라는 말을 가져다 쓸 수 있다면, 여기에 적당할 것 같다. 냄비현상이라는 것은 원래 없던 것인데, 정치인이 그것을 욕망하기 때문에 현실에서 실제 현상으로 나타나게 되었다는 뜻이다. 그들은 자신들이 잘못한 정치적 행위가 빨리 눈앞에서 사라지기를 원할 뿐이다. 이 과정에서 그들이 원하는 것은 당시 자신을 향해 있던 분노한 민심이 냄비가 되어 사라지는 것이 아닐까. 이번에 원전 문제 해결에서 보여준 숙의 민주주의의 가능성은 사회의 많은 것이 제도의 문제임을 보여준다. 거기에서는 어떤 냄비현상도 나타나지 않았다.

5장

경제적 공동체와 정서적 공동체

박근혜 누나와 식당 이모°

　　　　　손을 잡고, 술잔을 돌리는 행위의 배후
에는 살정이 있다. 그런데 살정은 서로 살을 부비는 깊은
친밀도에서 시작하기 때문에 타인에 대해 배타적이다.
그러나 오해하면 안 되는 것이 하나 있는데, 손을 잡거
나 술잔을 돌리는 행위는 입을 맞추는 행위보다 확장성
이 훨씬 크다는 점이다. 때문에 한국인의 친밀함은 손쉽
게 확장될 수 있는데, 때로는 그 확장성이 어처구니없게
느껴질 때가 있다. 우연하게 만난 사람이 단지 동창이라
는 이유만으로, 또는 같은 지역 출신이라는 이유만으로
아주 오래된 친구처럼 밤새도록 술을 마시기도 한다. 두
사람을 건너면 대한민국 국민 모두 다 안다는 작은 나라
한국에서 살정은 때로 배타성보다 동질감을 확보하는
수단이 되기도 한다.

　　그래서 살정과 구분하여 한솥밥이라는 단어에 주목
할 필요가 있다. 한솥밥의 사전적 의미는 '같은 밥솥에
서 푼 밥'이라는 뜻이다. 그리고 '한솥밥을 먹는다.'는 관
용어는 '함께 지내며 생활하는 것'을 의미한다. 이 의미

를 두 개로 나누어 보면, '1. 함께 생활하면서, 2. 함께 시간을 보낸다.'는 의미가 한솥밥에 들어가 있다. 한국인의 주거문화의 특성이 그대로 배인 단어다.

만약에 집에 따로 식당이 있거나 적어도 가족이 생활하는 공간과 구분되는 식탁이 있어서 개인적으로 언제든 따로 식사를 할 수 있었다면 한솥밥이라는 말은 나오지 않았을 것이다. 왜냐하면 그런 경우 식사행위는 가족 전체 생활과 구분되는 개인의 영역이 되기 때문이다. 그런데 하나의 공간을 계속 다른 용도로 바꾸어 쓰는 한옥에서는 식사가 개인의 행동이 될 수 없다. 아침에 일어나서 이불을 개야 밥상이 들어오고, 밥상이 나가면 다시 용도를 바꿔 방을 써야 하기 때문이다. 구조적으로 식사를 위한 별도의 공간을 마련할 수 없다. 특별한 상황이 없는 한 가족이 함께 식사해야 한다. 밥을 먹는 행위는 가족이 함께 하는 공동행위가 된다. 그러니까 가족과 식사를 한다는 것은 이불을 개고 밥상을 들여오는 그 생활 속으로 '내'가 들어간다는 의미다. 그래서 한솥밥은 함께 생활하면서 함께 시간을 보내는 의미를 포함한다. 내가 다른 집에 가서 식사를 해도 마찬가지다. 밥 먹는 행위만을 따로 떼어내서 할 수 없다. 내가 그 집에 가서 식사를 하는 한 나는 그 집의 생활 속에 들어가는 것이 된다. 한국인의 한솥밥 문화는 여기에서 출발한다.

상업이 발달하지 않은 조선시대, 당시에는 상업적인

여관이 제대로 없었다. 그러다 보니 먼 길을 떠나면, 불가피하게 남의 집 행랑채에서 하룻밤 신세를 지는 경우가 생겼다. 이때 집 주인은 길손에게 국과 찬은 주어도 밥만큼은 직접 지어 먹도록 했다. 길손이 직접 밥을 해먹는 것이 가능했던 이유는 한옥에는 개별 건물마다 구들이 장착되어 있어서, 구들에 불을 지필 아궁이가 필수적으로 딸렸기 때문이다. 그래서 건물에 부뚜막을 설치하는 게 어렵지 않았다. 말하자면, 길손은 행랑채에서 하룻밤 묵어가면서 행랑채에 딸린 부엌에서 저녁과 아침을 직접 해먹을 수 있었다. 행인이 자주 들르는 집이라면, 아예 길손을 위한 밥솥을 따로 준비해두기도 했다. 이처럼 낯선 사람과는 한 솥의 밥을 나누어 먹지 않을 정도로 한솥밥이라는 의미가 엄격했다. 때문에 한솥밥의 범위를 친가와 외가의 촌수까지 엄격하게 정하여, 함께 식사하는 대상을 제한하던 때도 있었다고 한다. 그러나 한솥밥으로 묶을 수 있는 사람이 가족만으로 제한되지는 않았다. 설마 자기를 찾아온 귀한 손님이나 친구에게 "너는 가족이 아니니까 따로 밥을 해먹어라." 그러지는 않았을 것이다. 여기에서 한솥밥은 혈연적인 가족의 경계를 뛰어넘는다.

한국인은 가족을 칭하는 단어로 다른 사람을 지칭하는 경우가 많다. 공식적인 경계가 무너지는 지점에서 한국인은 나이가 많으면 형, 누나, 언니, 오빠라고 부르는 데 낯가림을 하지 않는다. 그러니까 공식적으로는 선배지만, 여기에서 좀 더 친숙해지면 형이고 누나가 된다. 나이 든 사람들이 가끔 자신을 형이나 언니로 불러달라고 하는 경우, 단지 젊어 보이고 싶다는 의미가 아니다. 거기에는 관계의 돈독함을 원하는 마음이 담겨 있다. 과거에 새누리당의 윤상현 의원이 당시 현직 대통령이던 박근혜를 사석에서 누나라고 부른다는 기사가 사람들의 이목을 잡은 것도 이 경우에 해당한다. 이 경우 윤상현 의원과 박근혜 전 대통령은 살정이 아니라 한솥밥으로 묶을 수 있다. 즉 가족처럼 살을 부비는 관계가 될 수는 없기 때문에 한솥밥으로 접근해야 한다. "이모 여기 밥 한 그릇 추가요!" 식당에서 많이 듣는 말이다. 여기에는 진짜 이모가 밥을 주듯 넉넉하게 달라는 의미가 담겨 있다. 생판 처음 보는 사람에게 이모라는 호칭을 쓴다는 것은 한솥밥의 확장성이 얼마나 큰지 보여준다.

확장성이 뛰어난 한솥밥

잘 사는 양반가라면 안채 사랑채 행랑채 등 몇 개의 건물이 모여서 집 하나가 이루어진다. 이때 밥을 해먹을 수 있는 부뚜막은 여러 곳에 설치된다. 안채에는 당연히 부엌이 딸리고, 행랑채에도 부엌이 별도로 딸린다. 경우에 따라서는 사랑채에도 별도의 부엌이 딸린다. 그러나 안채와 사랑채의 부엌이 분리되어 있다고 해도 안채와 사랑채에 사는 가족은 한솥밥이 된다. 우리 속담에 '종과 상전은 한솥밥이나 먹지.'라는 말이 있다. 이 말은 행랑채까지도 '김 대감 집'이라는 한솥밥으로 통일되어 인식될 수 있다는 의미다. 그래서 한솥밥의 경계는 의외로 신축성이 뛰어나다. 한솥밥으로 엮지 못할 것이 없다는 의미다.

한국 문화에서 한솥밥이 중요한 것은 한솥밥이 단지 밥을 같이 나눈다는 의미 이상이기 때문이다. 생활 속에서 밥 먹는 행위만 빼서 구분할 수 없는 주거문화 때문에, 한솥밥을 나눈다는 것은 생활을 같이 한다는 의미로 확장될 수 있다. 한솥밥은 살정에 비해서 경제적인 의미가 강하다. 그 예를 제주도 한옥에서 만날 수 있다. 제주도에서는 자식이 장성하여 혼인을 치른 뒤에 따로 분가하지 않는 경우 안커리(위치상 안채와 유사한 개념)에서 밖커리(위치상 사랑채와 유사한 개념)로 분가해 나가는 경우가 많다. 이때 분가한 자식과 부모는 한 집에 살아도 경제적으로 완전히 별도의 생활을 한다. 즉 밥을 따로 해먹는다. 이때 한솥밥은 피붙이라는 의미와 관계가 없고 경제적 독립체를 의미한다. 하지만 부모와 자식 사이에 살정이 없을 리 없다. 살정이 실제 피부를 부비는 정서적 유대를 근간으로 한다면, 한솥밥은 살정에 비해서 경제적 관계의 특징이 강하다. 예를 들어서, 기름밥을 먹는다고 하면, 그런 부류의 직업을 가진 사람을 의미한다. 다만 주의해야 할 부분이 있는데, 종과 상전도 한솥밥을 먹는다는 속담처럼 한솥밥을 먹는다고 모두 동질적 무리가 아니다. 그 무리에는 계급에 따른 질서가 있을 수 있다. 그런 점에서 종과 상전 사이를 한솥밥이라고 말할 수는 있겠지만, 살정이 있다고는 할 수 없다. 살정은 한솥밥보다 훨씬 인간적 친밀도가 높은 영역이지만, 이미 본 것처럼 살정 자체가 손을 잡거나 술잔을 돌리는 식으로 확장성이 뛰어나기 때문에 언제나 상대방을 한솥밥으로 묶는 수단으로 이용될 수 있다.

한솥밥과 집단주의°

그래서 한솥밥은 경제적인 가치를 공유하는 사람들의 친밀도를 나타내는 용어다. 때로는 같은 관가에 있는 병졸과 사또가 한솥밥을 먹는다고 할 수 있다. 이때 한솥밥은 같은 관청에서 일하는 사람의 부류가 된다. 그래서 한솥밥은 정신적 가치보다는 같은 일이라는 물적 토대 위에서 형성된다. 그렇다고 살정이 정신적 가치를 지향하는 것은 아니다. 살정 역시 생활 속에서 나온 것이기 때문이다. 앞에서 이미 생활은 물질생활에서 형성되는 걸 확인했다. 이처럼 둘 다 정신적 가치가 아닌 생활이라고 하는 물적 토대에서 만들어졌다는 점이 한국인을 이해하는 데 중요하다.

자식이 법조인이 되어 기뻐하는 한국인 부모는 자식이 법조인으로 사회에 기여하는 삶을 살게 되었기 때문에 기뻐하는 경우는 드물어 보인다. 오히려 검사로서 힘을 가진 자리에 자식이 올랐다는 것 자체를 즐거워한다. 그렇기 때문에 자식이 설령 사회적으로 잘못된 행동을 했다고 해도, 자식을 훈육하기보다 보호하려고 한다. 오히려 부모가 출세한 자식에게 심리적으로 종속되는 경우도 발생한다. 이는 부모와 자식 간에 공감할 수 있는 정신적 토대가 없기 때문이다.

한솥밥은 보편적인 집단주의와 차이가 있다. 중원문화사의 《철학사전》은 집단주의를 "상호 협력하여 사회생활을 영위하는 원칙이며 개인주의와 대립된다."라고 규정한다. 집단주의 설명을 개인주의와 대립하는 개념으로 설명한 것을 보면, 집단주의 개념을 정의하는 일이 쉽지 않다는 걸 짐작할 수 있다. 결국 개인주의가 무엇인지 밝히지 않으면 집단주의의 의미를 파악할 수 없으니 개인주의의 의미를 먼저 살펴보자. 개인주의에 대한 정의도 다양하게 내릴 수 있지만, 우리가 사는 자본주의 체제에 초점을 맞추어서 정의를 내려보자. 어떤 개인이 자신의 이익을 충실하게 추구하면 자연스럽게 전체의 이

익이 보장된다는 아담 스미스의 사유방식이 우리시대의 개인주의다. 이에 대립하는 위치에 있는 집단주의는 결국 집단의 이익을 우선 하면 개인의 이익도 최대가 될 수 있다는 사유방식이다. 소위 낙수효과를 강조하면서 성장일변도로 경제를 끌어가는 정치에서 집단주의 냄새가 나는 까닭이다. 추가해서 말하면, 집단이 추구할 공동의 가치가 있다면 집단주의는 더 공고할 것이고 이때 개인의 이익이 전체 이익에 완전히 종속될 때를 전체주의라고 해서 구분할 수 있을 것이다.

한솥밥 문화가 있는 한국인을 집단주의적이라고 말하고 싶은 사람도 있을 수 있다. 그러나 한솥밥은 집단의 범주가 매우 탄력적이다. 그래서 한솥밥을 집단주의라고 하면 집단의 범주를 정하는 것 자체가 쉽지 않다. 그래서 앞에서 말한 집단주의와 한솥밥이 같은 의미가 될 수 없다. 한솥밥은 작게는 가족으로 한정될 수 있지만, 앞에서 본 것처럼 실제는 확장성이 매우 크다. 크게는 마을일 수도 있고, 마을의 일부일 수도 있고, 기름밥처럼 다른 기능적 관계에 의해 만들어질 수도 있다. 이런 특성의 한솥밥을 집단주의라는 단일 개념으로 설명하려면, 오히려 집단주의의 정의 자체가 모호해질 수 있다. 그래서 한솥밥의 한국인은 집단주의와는 조금 다른 각도에서 접근할 필요가 있다.

내 마누라도 우리 마누라°

옛날 기억 중 하나다. 옛날에는 화장실이 지금처럼 실내에 있지 않고, 마당 한쪽 구석에 있었다. 안동에 있는 병산서원에 가면 달팽이처럼 생긴 뒷간이 있다. 문이 따로 없어서, 노크에 익숙한 우리는 조금 당황하게 된다. 그러나 옛날에는 전혀 불편하지 않았다. 일단 급하게 화장실에 갈 때는 멀리서부터 헛기침을 했다. 급하지 않은 경우라면, 천천히 인기척을 내면서 화장실을 향해 걸어갔다. 화장실에 사람이 있으면 그 사람이 내는 헛기침 소리가 들렸다. 내 기척을 느낀 사람이 자신의 존재를 알린 것이다. 화장실만 그런 것은 아니었다. 방 안으로 들어갈 때도 헛기침을 했다. 거꾸로 방에 들어가려고 하는데, 방 안에서 헛기침 소리가 들리면 문 밖에서 잠깐 기다리라는 뜻이므로 잠깐 뜸을 들였다 들어갔다. 때로는 자신의 상황을 상대방에게 전하기 위해서 혼자 중얼거리기도 했다. 날씨가 안 좋다는 둥, 이렇게 혼잣말을 통해서 내가 이동하는 것을 주변에 알렸다. 내가 움직이면서 내는 헛기침이나 혼잣말은 내가 지금 당신의 생활 흐름 속으로 들어가는 중이니 준비하라는 의미였다. 과거 우리 삶은 하나의 흐름 속에서 유지되었다. 앞에서 본 것처럼 방이라는 공간조차 시간의 흐름 속에서 이용했는데, 결국 한국인의 생활은 이 흐름이다.

한국인이 유독 '우리'라는 단어를 좋아하는 이유도 여기에 있다. 아내도 아이도 모두 우리라는 수식어로 설명한다. 한옥에서는 내 것이면서 우리 것인 공간이 여럿 있는데, 대표적인 것이 마당이다. 마당은 분명히 내 영역이지만, 이웃이 마당에 들어왔다고 나가라고 할 수 없었다. 우리 집의 구조가 나와 너를 결연하게 나누는 데 익숙하지 않다. 집 안에서도 마찬가지다. 잠자는 곳은 가족 모두가 자는 곳이어서, 개인 침대를 둘 수 없다. 또 아무리 피곤해도 자신이 쉬겠다고 가족을 모두 내쫓고 혼자 방을 독차지 할 수 없었다. 때로 방과 방 사이에 장지문을 끼워서 방을 나누기도 했지만, 장지문은 단순히 방과 방 사이를 나누는 칸막이 개념이어서 언제든 떼어내서 두 공간을 합할 수 있었다. 장지문으로 나눈 내 방은 다시 우리 방으로 우리 집으로 언제든 되돌아왔다. 방이 문 하나로 나뉘다 보니, 사실 아무 것도 가려주는 것이 없었다. 방귀를 뀌면 방귀 소리가 다 들렸다. 시야를 가려주는 정도가 고작이었다. 그래서 장지문을 사이에 두고 있는 사람은 옆방에 머무는 사람의 움직임을 촉각적으로 파악할 수 있었다. 청각에 더해 육감으로도 상대방의 움직임을 파악하는 것이니 이는 촉각이라고 밖에는 표현할 수 없다. 여기서도 한국인이 촉각적이라는 걸 알 수 있다. 촉각이 오로지 피부로만 느끼는 걸 의미하는 것은 아니다. 어떤 분위기를 직관적으로 파악하는 것 역시 촉각이라고 할 수 있다. 무도장의 은근한 조명 아래서 이성을 바라보는 사람의 끈적거리는 눈빛은 비록 시각이라고 해도 촉각적으로 느껴진다. 마치 끈적이는 액체가 내 얼굴에 늘어 붙는 느낌이다. 이렇게 촉각적이라는 말은 좀 더 포괄적으로 쓰일 수 있는데, 우리가 집안에서의 흐름을 파악하는 것 역시 시각이 아니라 촉각을 통해서다.

'우리'는 '나'를 흡수한다. 그러나 '우리'가 꼭 가족일 필요는 없다. 물론 우리라고 할 때 가족을 지칭하는 경우가 많겠지만, 우리는 때로 친구일 수도 있고, 직장의 동료일 수도 있다. 그렇다고 우리라는 무리 속에서 '나'가 사라지는 것은 아니다. '나'가 사라지는 걸 잘 참지 못하는 것이 한국인이기도 하다. 앞에서도 말한 빨리빨리 문화에서는 집단 속에 나의 중요성이 강조된다는 점을 잊지 말아야 한다. 만약에 집단성이 강조된다면, '빨리빨리'를 강조할 필요가 없다. 정해진 시간에 기계처럼 움직이면 되기 때문이다. 그래서 우리 문화에서 상대방에게 빨리빨리 독촉하는 사람이 꼭 집단적 가치 때문에 그런 것이 아니고, 독촉 받는 사람이 특히 개인주의적이거나 이기적이어서 그런 것은 아니다. '우리'는 같이 움직여야만 서로 생활을 유지할 수 있다는 공통가치가 있기는 하지만, 동시에 개인적인 목적 때문에 '빨리빨리'를 외치는 일은 흔하다. 어머니가 밥상을 들고 들어가면서 '빨리빨리'를 외칠 때 여기에는 가족 공동의 이익도 있을 수도 있지만, '내가 밥상을 빨리 방으로 들여야 하니 너희들은 내 스케줄대로 움직여라.'는 개인의 목적도 숨겨져 있다. 그래서 명쾌하게 공적 이익을 내세우는 집단주의와 한솥밥은 결이 다르다.

거꾸로 '우리'가 개인의 이익을 내세우는 명분이 되기도 한다. 우리 집이 잘 되려면, 나에게 투자를 해줘야 해! 이런 식으로 '우리'라는 명분은 개인의 이익을 위해 늘 남용될 위험이 있다. 자기 이익을 취하면서도 늘 사회와 국가를 명분으로 내세우는 한국의 정치인과 경제인의 정서가 여기에서 확인된다. 때문에 한국인이 '우리'라는 표현을 사용한다고 해서 이를 집단주의로 받아들이는 것은 내용을 세심하게 파악하지 못한 결과다. 언제든 '나'를 위하여 '우리'가 희생될 수 있는 상황이다.

한솥밥의 범위가 상황에 따라 달라지는 것처럼 '우리'는 가족만이 아니라 그때그때 생활의 단위를 이루는 사람들의 집단이 된다. 그래서 '우리'는 가족일 수도 있고, 그렇지 않을 수도 있다. '우리'는 친구집단이 될 수도 있고, 정치집단, 종교집단이 될 수도 있다. 그래서 한국인을 가족주의라고 비판하지만, 꼭 그렇다고 보기 어렵다. 만약에 한국인이 가족만을 우선시 했다면, 연대보증이 심각한 사회문제로 터져 나왔을 리가 없다. 가족의 경제공동체를 붕괴시키기까지 하는 연대보증이 누적적으로 발생한 것은 한국인에게 '우리'가 굳이 가족만을 묶는 개념이 아니었기 때문이다. 그래서 엉뚱한 사람의 빚에 연대보증을 서는 경우도 생긴다. 심한 경우 한두 번 만난 사람도 '우리'가 어쩌고 하면서 술을 한 번 먹고는, 연대해서 빚보증을 서기도 했다. 오히려 그 때문에 집이 풍비박산 나기도 했다. 한국인이 가족 중심주의자들이라면 이런 사건은 발생할 수 없다.

한국인이 주어를 무의식중에 '나' 대신 '우리'라고 쓰는 이유를 알았다. 방도 누가 혼자 독점하는 것이 아니라 우리가 사는 방이고, 잠도 각자의 침대에서 따로 자는 것이 아니라 한 이불에서 같이 잤다. 그러나 '우리'가 한 집에 사는 가족만을 의미하지 않고, 집단주의로도 발전하지 않는 이유는 다시 마당에서 확인할 수 있다. 마당에 모인 마을 사람들이 '우리'지만, 마당은 여전히 '내' 땅이라는 점에서 한국인의 우리는 집단주의로까지 발전하지는 않는다. 한국문화가 집단주의 성향을 보이면서도 이기적인 경향이 강한 이유이다. 사실 아파트가 우리나라에서 공전의 히트를 치고 있는 것은 한국인의 심성에 기본적으로 이기적 개인주의 속성이 있음을 보여준다. 즉 한국인은 '우리'가 아니라 '나'이고 싶었던 것이다. 그 욕망을 막은 것이 한옥이었지만, 오히려 아파트가 그 문제를 해결해준 것이다.

살가운 마당, 냉정한 중정, 관대한 광장°

건축이 건물이어야 하기 때문에 다른 나라 살림집에는 마당이 건물 안에 있다. 이를 중정이라고 한다. 그러나 한옥은 건물을 작게 짓고 대신 마당을 집 밖에 냈다. 그래서 한옥은 건축적으로 매우 특이한 집이다. 이를 수학식으로 나타내면 다른 나라에서 '건축=건물'이지만, 우리나라에서 '건축=건물+마당'이 된다. 즉 한국의 건축 개념은 다른 나라와 다르다.(중정은 건물로 둘러싸인 집 안의 빈터로, 우리는 이것도 마당이라고 부른다.)

마당은 마당대로 장점이 있지만, 세계 대부분의 집에서 발견되는 중정에도 장점이 많다. 일단 추운 겨울 넉넉하게 생활공간을 확보할 수 있다. 두 번째 햇빛이 건물 내외부로 들어올 수 있어서, 건물 내부에 채광을 쉽게 할 수 있다. 마지막으로 외부 공격에 대항하기에 유리하다. 작은 문만 걸어버리면 누구도 집 안으로 들어올 수 없기 때문이다. 중정 집은 외부에 대해 폐쇄적이다. 그래서 상업이 발달한 곳이라면, 당연히 중정 집이 주류를 이룬다. 농경에 의지해 사는 사람들은 이웃에 크게 감출 비밀이 없지만, 장사를 하는 사람들에게는 당장 숨길 것들이 많고, 보호해야 할 재산이 많다. 그래서 집은 더 폐쇄적일 수밖에 없다. 중정 집은 세계 곳곳에서 나타나는 보편적인 집이라는 점에서 한옥도 중정 형태의 집으로 짓는 경우도 많다. 그러나 한옥의 중정은 마당과 만나서 '튼 미음자집'처럼 매우 유연하고 열린 공간으로 변한다. 다른 나라 중정이 건물에 의해 빈틈없이 막힌 폐쇄적인 건축으로 완성되는 것과 다르다. 마당과 중정의 차이는 사회적 의사결정 방식에 큰 차이를 낳았다.

우리는 마당에서 잔치를 하면 가족만이 참석하는 집안 잔치로 끝나지 않았다. 이웃집의 똘이 엄마, 개똥이 아빠, 면서기 김씨도 참석했다. 단지 이웃이라는 이유만으로 잔치에 참석해 숟가락을 들 수 있었다. 이웃만 오는 것도 아니다. 지나가는 거지들도 눈치껏 앉아서 한상 받아먹고 갔다. 능력이 되었다면 품바타령도 한 번 불러주고 갔을 것이다. 마당에 관한 가장 오래된 기록은 중국 남북조 시대의 기록인 《남사南史》에 있다.

> 풍속에 노래하고 춤추는 것을 좋아하며 그 나라의 읍락에는 남녀가 매일 밤이면 무리지어 모여서 노래하며 즐긴다.

이 기록에서 사람들이 무리지어 놀 수 있었던 것은 마당이 있었기 때문이다. 과거에는 집집마다 마당이 있고, 마을의 세도가가 사는 집에는 커다란 바깥마당이 별도로 딸리기도 했다. 그래서 여기저기 마당에서 사람들이 무리지어 춤추고 놀 수 있었다. 이렇게 마을 사람들이 함께 어우러지면서 한솥밥을 먹게 된다는 것은 매우 의미 있는 일이었다. 마을 전체가 한솥밥으로 하나 되는 결속력을 다질 수 있기 때문이다. 덕분에 우리 농촌에서는 마을 일에 대한 토론과 의견 교환이 언제든 일어날 수 있었다. 마당은 마을의 의사결정에 직접적인 영향을 주었다. 한솥밥이 확장되는 데 물리적으로 가장 큰 구실을 한 것이 마당이다.

우리와 달리 마당이 없던 유럽에서는 살림집이 매우 폐쇄적이었기 때문에 마을 사람들이 무언가 토론을 하자면, 마을 사람들이 모일 별도의 공간이 필요했다. 그것을 광장이라고 할 수 있다. 그러나 우리에게는 그런 광장이 없었다. 한국인에게 광장이 익숙해진 것은 최근의 광화문광장, 서울광장을 통해서였다. 서울광장의 시작을 고종과 연관 짓는 경우가 많다. 청일전쟁 후 일본과 러시아의 다툼이 격화되면서, 국내적으로 을미사변 단발령 등이 연속적으로 일어났다. 이런 와중에 고종은 러시아 공사관으로 몸을 숨기는 아관파천을 단행한다. 이후 고종은 창덕궁이 아니라 덕수궁으로 환궁하는데, 이때 덕수궁 앞에 광장이 만들어졌다는 주장이다. 그러나여기에는 착오가 있는 것 같다. 실제 당시 만들어진 것이 광장이라면 그 규모가 얼마나 되는지 알지 못하겠지만, 그걸 한국인이 만들었다면 광장으로 만들지 않았을 것이다. 그러니까 앞마당 정도의 개념을 광장으로 본 것이다. 실제 광장이라는 단어가 《조선왕조실록》에 처음 나타나는 것은 순종실록 부록이다. 여기에 처음이자 마지막으로 나타난다. 1926년 순종이 승하하자 장례식을 구 훈련원 광장에서 거행한다는 내용이 두 번 언급된다. 광장이라는 개념 자체가 우리에게는 낯선 것이고 그 출현 시기도 매우 늦다. 순종실록의 기록에 나타난 광장이라는 단어를 마당으로 바꾸어 써도 전혀 문제가 없어 보인다.

우리에게 공식적인 광장은 5·16광장이 처음이다. 그러나 광장은 오로지 군사퍼레이드에만 제공되었을 뿐 누구도 사용하지 않았다. 심지어 거기에서는 데모도 하지 않았다. 우리에게 광장은 도무지 낯선 곳이었다. 그래서 정권이 바뀌자 5·16광장은 여의도 공원으로 바뀌고 말았다. 그런데 놀랍게도 21세기에 들어서면서, 우리에게 광장은 매우 중요한 공간이 됐다. 2002년 월드컵경기를 시작으로 사람들이 광장을 채우는 일이 빈번하게 일어났다. 거기에서 시민들이 시국토론을 벌이고 정부에 정치적 의사를 표현한다. 이런 급작스러운 변화는 어디에서 출발하는 것일까? 그건 이제 모든 사람들의 집에서 마당이 사라졌기 때문이다. 지금 자기 집에 이웃이 언제든 드나들 수 있는 마당이 있는 사람이 얼마나 될까?

폐쇄적인 마당문화°

마당과 광장을 비교하면 가끔 아이러니를 느낀다. 폐쇄적인 건축의 결과물이 광장이고 개방적인 건축의 결과물이 마당인데, 역설적으로 광장은 매우 개방적이지만 마당은 매우 폐쇄적이다. 마당은 마을에 대해서는 개방적이지만, 모든 사람들에게 개방적인 것은 아니다. 옛날에는 집집마다 마당을 마을에 개방했지만, 누군가 낯선 사람이 마당에 출현하면 마을 사람들 눈에 당장 띄었기 때문에, 역설적으로 외부인에게는 매우 폐쇄적인 공간이었다. 나를 공개하면서 안전을 도모하는 것이 한옥의 마을 체계라고 할 수 있다. 그러나 광장은 그 자체로 매우 개방적이다. 광장을 거니는 낯선 사람도 타인의 시선에 불안해하지 않을 수 있다. 상업이 발달한 유럽인에게는 돈이 자유롭게 소통하는 것이 중요했다는 점에서 광장은 그들에게 적합한 공간이었다. 그러나 상업적 소통이 중요하지 않던 전통사회라면 외부인에 대해 폐쇄적인 마당을 선호하는 것이 당연해 보인다.

마당문화를 선호하는 전통은 현대조직문화에도 여전히 남아 있다. 조직 내에 폐쇄적인 사조직을 만드는 경우가 그런 예다. 회사마다 출세할 수 있는 라인이 만들어지면서, 출세를 꿈꾸는 사람은 어느 줄을 잡아야 할지 고민하게 된다. 즉 내가 누구와 한마당을 쓸지 고민한다.

한국인이 외국인 근로자에게 폭언 폭력을 행사할 정도로 못되게 구는 까닭도, 폐쇄적인 마당이 남긴 좋지 않은 정서다. 즉 이는 인종차별과는 뉘앙스가 다르다.

어쩌면 최순실-박근혜 게이트로 불리는 정치적 상황은 마당이 품은 가장 안 좋은 형태의 의사결정 시스템이 작동한 것으로 보다. 박근혜와 최태민이 사적인 관계였던 것으로 보이고, 최순실은 최태민의 딸이다. 최순실의 조카 장시호는 박근혜 대통령을 큰엄마라고 불렀다고 한다. 게다가 이번 게이트에 연루된 인물 중 몇몇은 최순실의 딸인 정유라의 초등학교 모임에서 만들어진 인연이었다. 즉 최순실의 사적인 마당에서 만들어진 인연因緣이 정부 정책과 인사를 좌지우지한 것이다. 이들이 어떤 사상적 가치를 공유하는 것도 아니었다. 그런데도 그들을 하나로 묶어준 것이 바로 초등학교 모임이라는 마당이다. 마당은 자기들끼리는 따뜻한 공간이지만, 외부인에게는 매우 폐쇄적이어서 현대사회에는 적당하지 않다. 폐쇄적 마당문화가 한솥밥 문화와 결부되면서, 박근혜 정부 붕괴에 방아쇠를 당긴 것이다. 이런 의사결정시스템은 일반적으로 우리가 파악하고 있는 개인주의나 집단주의와는 전혀 다른 구조라고 할 수 있다. 지방 자치경찰을 만들어 그들에게 수사권을 통째로 맡기면 안 되는 이유다. 형사사건이 발생하면 단지 외지에 산다는 이유만으로 토호세력의 희생물이 될 수 있기 때문이다 그런 의미에서 우리에게 광장은 낯설지만, 이제 받아들이지 않으면 안 되는 중요한 공간이라고 할 수 있다. 광장을 통한 의사결정은 우리 사회를 더 공정하게 만들 것이다. 광장에서는 개인들이 모여 합리적인 의사소통을 통해 공론을 만들 수 있다. 마당만으로는 보편적 가치를 담아내는 의사결정에 한계가 있을 수밖에 없다. 그런 의미에서 마당이 따뜻하기는 하지만, 누구나 공정하게 대접하고 대접받는 민주주의가 자라기에는 모자란다.

6장

집에서 자란 옷

앙드레 김이 지킨 백의白衣 °

더위가 찾아오면 방송국은 납량특집
을 내보냈다. 70년대와 80년대 초, 아직 휴가에 나설
처지가 안 되는 이들이 많았다. 그들에게 납량특집은
여름을 나는 좋은 수단이었다. 그중 하나가 전설의 고
향이었다. 섬뜩한 표정으로 분장하고 머리를 푼 채 나
타나는 귀신은 어쩌면 그렇게 하나같이 흰색 옷을 입었
는지. 그 장면을 생각하면 멀쩡한 대낮에도 하얀 도포
를 입은 할아버지가 귀신이 아닐까 떨기도 했다. 흰옷
을 즐겨 입어 백의민족이라고 했는데, 그렇다면 한국인
은 귀신족인가? 당시 어린 마음에도 이건 앞뒤가 맞지
않았다. 실제 해방이 된 이후에도, 늦게는 60년대까지
적지 않은 사람들이 흰색 옷을 입었다. 그러나 이후 한
국인의 옷 색깔이 다양해지면서, 흰색 옷은 한반도에서
사라져버렸다.

얼마 전 작고한 김봉남 씨는 늘 하얀 옷을 입었다. 앙
드레 김으로 더 잘 알려진 그의 이국적 분위기를 만드는
데 그의 옷도 기여했다. 아이러니다. 흰옷은 우리 민족의

110

상징이었는데, 그 때문에 이국적 이미지가 강화됐다니! 개인적으로도 하얀 두루마기를 펄럭이며 걷고 싶을 때가 있지만, 다른 사람의 눈을 의식해서 입지 못한다. 아마도 흰 두루마기를 입고 머리를 뒤로 묶은 필자의 모습에서 사람들은 '머리에 꽃을 꽂은 여인' 정도를 연상할지 모를 일이다. 사실 한 민족이 내내 흰옷을 입었다는 사실은 인류 역사에서도 매우 특이한 사례다. 어떤 나라도 온 국민이 흰색 옷을 입는 사례를 아직 본 적이 없다. 이 특이한 풍습은 19세기 말 조선을 방문한 외국인의 이목을 잡기에도 충분했다. 일본이 우리나라에 마수를 뻗치기 시작하던 1885년부터 10년 동안 조선을 여행한 러시아 사람의 눈에도 우리의 흰옷 사랑이 그대로 비추어진다. 《내가 본 조선, 조선인》(가야넷)이라는 책에서 내용을 옮겨본다.

> 소위 천한 신분의 사람들은 자루 모양의 소매에 보통의 천으로 만든 겉옷을 입었으며 색은 흰색이어야 하는 반면, 양반들은 좁은 소매에 색깔 있는 비단옷을 입었다.

아마도 글을 쓴 러시아 사람은 양반들이 사는 집 안에 들어가 그들의 평상복은 보지 못한 듯하다. 아무튼 일본이 조선 점령을 가시화하면서 일본은 끊임없이 흰옷을 입지 못하게 우리를 괴롭혔다. 1905년 을사늑약

이후 이미 그런 노력이 시작되었다. 강제로 조선을 병합한 이후에는 흰옷을 입고 다니는 사람들에게 먹물을 뒤집어씌우는 황당한 짓까지 자행했다. 아예 흰옷 입은 사람들이 시장이나 관공서에 출입할 수 없도록 막기까지 했다. 이토록 집요하게 백의白衣를 입지 못하게 했지만, 우리는 결국 해방 후까지도 한동안 흰색 옷을 입었다. 일본 제국주의자들이 이토록 집요하게 흰옷을 입지 못하게 한 이유는 막 출발한 일본 섬유산업의 성장을 위해 조선은 섬유시장으로 바뀌어야 했기 때문이다. 이처럼 파상적인 변화의 공세가 계속되고 생활 여건이 급격하게 변하면서 일상생활에서 색깔 옷은 점점 늘어났다. 그러나 대체로 우리는 악착같이 흰옷을 입었다.

백의민족이 된 까닭°

우리가 흰옷을 입게 된 데에도 구들문화가 숨어 있다. 첫 번째, 우리는 어느 민족보다 열을 넉넉하게 쓸 수 있었다. 난방을 하면 무조건 솥에 물을 끓일 수 있다는 점에서, 옷을 삶아서 세탁할 만큼 열에너지에 여력이 있었다. 옷을 삶으면 깨끗해진다. 그러나 염색한 옷을 삶으면 옷에서 물이 빠져서 그릇도 엉망이 되고, 옷은 옷대로 엉망이 된다. 그래서 실제 생활에서 염색된 옷보다 바탕색 그대로인 흰옷이 편리하고 능률적이었다. 결국 우리가 흰옷을 입을 수 있었던 것은 열을 효율적으로 쓸 수 있었기 때문이다. 두 번째 이유는 집 안을 휩쓸고 다니는 검댕이를 획기적으로 줄였기 때문이다. 다른 나라의 경우 집 안에서 화덕을 쓰는 전통을 오래도록 유지한 데에 반해서, 우리는 고래와 굴뚝을 일찍 개발해서 집 안에 날리는 분진을 많이 줄일 수 있었다. 세 번째, 집을 작게 짓고 신발을 벗고 바닥에 앉는 좌식 생활을 하면서 실내를 깨끗하게 유지할 수 있었다. 실내가 작으니 청소하기도 좋고, 생활하는 공간이 좁으니 공연히 방 안에 가축을 들이는 일도 없었다. 난방시스템이 발달하여 생활공간을 땔감으로부터 보호해 실내를 청결하게 유지할 수 있었다. 바로 이런 집 안의 시스템이 흰옷을 입을 수 있는 바탕이었다.

무엇보다 중요한 것은 흰색이 물감을 들인 것이 아니라는 점이다. 즉 흰색은 하얀색이 아니라 물감을 들이지 않은 바탕색이다. 베옷은 노란색 그대로 입는다. 송나라 사신이 쓴 《고려도경》(20권 부인 편, 《고려도경》 등은 한국고전번역원의 번역을 참고했다.)에서도 이 부분을 확인할 수 있는데, "삼한의 의복 제도는 염색한다는 말을 듣지 못하였고"라고 적고 있다. 먹고 살기도 바쁜 상황에서 옷에 물감까지 들여야 한다면, 이는 결코 녹록치 않은 상황이다. 그 시절 농민으로 살아야 하는 백성은 눈코 뜰

새 없이 바빴다. 농경 중심 사회인 조선에서는 상업이 발달하지 않아 옷도 지어 입어야 했다. 생활에 필요한 대부분의 것을 스스로 해결해야 했는데, 여기에 물감까지 들이려면 보통 일이 아니었다. 때마다 물감을 일일이 구해 와서 옷에 물을 들여야 했는데, 언감생심 그럴 만한 여유가 없었다. 그러니 바탕색 그대로의 옷감을 쓰는 흰색 옷이 가장 현실적인 의복이었다. 우리가 염색에 무심했던 것은 조선시대 정약용의 글을 통해서도 확인된다. 《유배지에서 보낸 편지》에서 인용한다.

> 산골에서 산지가 오래되어 시험 삼아 풀잎이나 나무껍질을 채취 해다가 즙을 내기도 하고 달이기도 하며 물을 들여 보니, 오색이나 자색 녹색 외에도 이름 지어 형용할 수 없는 여러 색깔이 배어나와 기이하고 아담하고 잔잔한 것이 매우 많았습니다. 요즈음 중국에서 나오는 비단이나 지폐의 색깔이 기이하고도 속기를 벗어난 것은 모두 평범한 풀이나 나무에서 뽑아낸 물감을 사용했기 때문임을 비로소 알았습니다. 우리나라 사람들은 오색 외에는 오직 자색과 녹색 두 가지만 있는 줄 알고 이것 외의 물색物色을 다 버리고 사용하지 않습니다.

과거라면 어느 나라에서나 민중은 생계에 위협을 받으면서 생활했다. 국가체제 자체가 착취시스템으로 돌아갔기 때문이었다. 그러나 염색이 아무리 어려워도 때로는 염색한 옷을 입는 것이 훨씬 유리하다. 일단 화덕을 쓰는 한 집 안에는 늘 타고 남은 재의 검댕이가 날렸을 것이다. 그리고 추운 기간에는 가축과도 함께 살아야 하는 열악한 생활 여건을 생각하면, 그들에게 흰색 옷은 꿈에서나 가능한 일이었다. 설령 흰색 옷을 입는다고 해도, 열을 사용하는 데에 한계가 있었기 때문에 빨래를 삶아대는 것은 어려운 일이었다. 그들은 애초 흰옷을 입을 처지가 아니었다. 아무리 바빠도 염색을 할 수밖에 없었다.

우리가 흰옷을 입은 것이 태양신을 숭배해서라고 주장하기도 하는데, 이런 주장은 우리가 입던 흰색이 바탕색이라는 점을 간과한 것이다. 베옷을 그 색 그대로 입는 것은 누구나 아는 일이다. 사실 태양신을 숭배하던 나라에서는 오히려 원색을 좋아했다는 걸 역사적으로 확인할 수 있다. 예수 머리 뒤에 성스러움의 표식으로 들어가는 광배는 태양신 헬리오스의 머리를 장식한 왕관 모양에서 나온 것으로 보는 게 보통이다. 빛이 프리즘을 통과하면 원색이 되는 것처럼 원색은 빛과 밀접한 관계가 있다. 그래서 빛을 중시하는 지역에서는 원색을 통해 빛의 숭고함을 드러내려 노력했다. 유럽의 성당에서는 에메랄드 사파이어 루비 등의 금은보화가 빛의 향연을 벌인다. 빛은 다양한 색깔로 드러난다는 점에서 동시에 색깔의 연회장이기도 하다. 그러나 우리는 사실 빛에 크게 의미를 두는 문화가 아니다. 오히려 한국인이 좋아하는 흰색은 바탕색이라는 점에서 햇빛과는 아무런 관계없다. 우리는 집에도 색을 칠하지 않는다. 기둥이나 대들보는 나무가 가진 색 그 자체를 그대로 쓴다. 즉 나무의 물성을 드러내는 바탕색 그대로 쓴다. 그래서 살림집 한옥을 사찰이나 궁궐에 대하여 백골집이라고 부른다.

색에 대한 이런 태도는 70년대가 되면 옷에서는 완전히 사라졌지만, 한국인의 정서에서까지 사라진 것은 아니다. 건축이나 인테리어공사를 할 때, 한국인은 마루에 색을 칠하지 않는다. 강화마루에서도 나무의 바탕색, 즉 나무의 물성을 느낄 수 있는 색을 선호한다. 기타 바닥재에 나무 문양을 넣을 때 역시 나무의 원래 색을 선호한다. 인공적인 색 대신 바탕색, 즉 소색을 선호하는 미적 태도는 여전히 계속되고 있는 것이다. 흰색이 바탕색을 의미한다는 점은 단어에서도 확인할 수 있다. 야인으로 살다가 재상이 된 사람을 백의재상白衣宰相이라고 하는데, 여기에서 백白은 꾸밈없는 바탕을 나타낸다. 포의布衣는 베옷을 뜻하는데 벼슬 없는 선비를 뜻하고, 이때 누런 베의 색깔을 '백'이라고 써도 큰 문제가 없다. 우리가 좋아하는 떡 백설기 역시 백은 순수함을 나타낸다. 설기에 아무 것도 섞이지 않은 순수한 설기 떡이라는 의미로 백설기다. 그래서 '하얗다'는 아무것도 섞이지 않았다는 의미다. 한국인이 흰옷을 입었다는 것은 아무 것도 섞지 않은 바탕색을 입었다는 의미다.

생활의 색, 흰색°

너무 당연한 말이지만, 우리가 색 있는 옷을 아예 안 입은 것은 아니다. 그림으로 남아 있는 복색을 보면 18세기면 이미 다양해지기 시작한다. 도포도 평소에는 흰색을 입지만, 길복吉服이라고 해서 색을 넣은 옷을 입기도 했다. 옥색, 연갈색, 그리고 남색의 청포도 입었다. 중국을 중심으로 세상을 보는, 중화주의에 빠져있던 조선 조정의 입장에서 보면 흰색 옷은 그리 탐탁지 않았다. 중국에서 보면, 조선은 동쪽에 있고 그러자면 푸른색이 우리나라 색이기 때문이다. 이런 생각이 조선시대 청포를 길복으로 여기게 했을 것이다. 파란색이 길하다는 데서 짐작할 수 있는 것처럼, 색깔에는 각각 고유한 벽사의 의미가 있다. 그래서 오방색으로 대표되는 색깔 있는 옷에는 기본적으로 벽사의 의미가 들어간다고 봐도 무방하다.

이미 앞에서 본 것처럼 생활에서는 흰색 옷을 입지만, 양반들은 외출할 때 색이 있는 옷을 입었다. 세도가

가 자랑스럽게 입는 관복이라든지 여자들이 외출할 때
머리까지 덮어 쓰는 장옷 등이 우리에게 익숙한 사례다.
이런 전통은 아주 오래 된 것이다. 《삼국지》 위서魏書 동
이전에는 다음과 같이 기록해놓고 있다.

> 나라 안에서는 흰옷을 고상하게 여기고, 나라를 벗어날 때
> 는 수를 놓은 비단과 채색한 모직물로 꾸민다.

문자를 곧이곧대로 해석하면 밖으로 나갈 일이 없는
백성은 주구장창 흰옷만 입어야 할 판이었다. 고려시대
생활상을 묘사한 《고려도경》(3권 누관 편)에도 흰옷에 대
한 집착을 추정할 수 있는 글이 여럿 있다.

> 누각이 사치하게 지어졌는데, 왕실이 거기서 노는데, 서긍
> 이 지나가자 부녀자들이 엿보는데, 옷 입은 것은 서민과 같
> 다. 왕이 행차하면 그때서야 비단옷으로 갈아입었다.

《고려도경》(19권 농상 편)의 다른 기사에서 보면 이런
표현까지 있다.

> 농상을 업으로 하는 백성, 농민은 빈부의 차이 없이, 상
> 인은 원근의 차이 없이 다 백저포白紵袍를 입고, 오건烏巾
> 에 네 가닥 띠를 하는데, 다만 베의 곱고 거친 것으로 구별

한다. 나라의 관인이나 귀인도 물러가 사가에서 생활할 때면 역시 이를 입는다. 다만 두건의 띠를 두 가닥으로 하는 것으로 구별하고, 간혹 거리를 걸어갈 때에도 아전이나 백성이 이 두 가닥 띠를 보고는 피한다. 이들의 상복常服은 흰 모시 도포를 입고 검은 건을 쓴다. 다만 시역을 맡아 일을 할 때에는 관에서 자주색 도포를 내린다.

이런 취지의 이야기는 《고려도경》 20권에서도 계속되어 "삼한의 의복 제도는 염색한다는 말을 듣지 못하였다."라는 표현까지 나온다.

따라서 흰색이나 바탕색 옷을 입는 전통은 아주 오래된 것이다. 사실 이는 구들과 관련해서 매우 중요한 추정을 하게 한다. 지금까지는 구들을 지배계층이 많이 사용하지 않은 것으로 이야기하지만, 적어도 겨울에는 생각보다 많이 사용했을 것이라고 추측할 수 있다. 그 가능성은 《삼국유사》에서도 보인다. 당시 지배계층은 계절에 따라 별장을 나눠 쓴다는 "봄에는 동야택 여름에는 곡량택 가을에는 구지택 겨울에는 가이택."이란 표현이 나온다. 이처럼 계절별로 머무는 집이 달랐다면, 겨울에는 특별한 난방장치, 즉 구들을 장착한 집에서 살았을 가능성을 배제하기 힘들다. 고려시대 때도 마찬가지다. 이 당시 지배계급은 귀족이다. 이들은 많은 종류의 건물을 지어 생활했기 때문에 겨울에 어떤 식으로

든 구들을 생활 속에서 사용했을 것으로 보인다. 아무튼 일상생활에서 신분의 고하는 옷의 색깔이 아니라 옷감의 질과 외부로 나타나는 장식을 통해서 분별한 것으로 보인다. 한반도 전 역사를 통틀어서 한민족은 흰옷을 입었지만, 조선이 기울어지면서 흰옷의 역사는 조금씩 역사의 뒤안길로 사라지기 시작했다. 1800년대 후반, 좀 더 빠르게는 중국과 일본에 유럽의 문명이 본격적으로 들어오는 정조 연간이면, 우리 전통 옷이 변질되기 시작한 것으로 보인다.

귀신이 입던 녹의홍상 °

우리 기억에 아직 남아 있는 전통의상의 색깔 옷으로는 아이가 입던 화려한 원색의 색동저고리가 있다. 그러나 이렇게 색이 강한 옷은 일상생활 밖의 것이었다. 집안의 명절처럼 큰 행사가 있을 때 우리는 원색 옷을 입었다. 《토끼전》에 "오월 단옷날이면 녹음방초 우거진 곳에 색동옷을 입은 미인들이"라는 표현이 나온다. 또 특별한 권위를 담아내야 할 관복 등에도 색깔을 넣어 사용했다. 이 역시 일상생활 밖인 것은 틀림없다. 특히 색깔 옷을 일상 밖에서 입었다는 점에서 색에는 어느 정도 주술적 의미가 있다. 무당의 옷이나 아이들에게

120

입히는 색깔 있는 옷에서는 그런 정황을 충분히 짐작할 수 있다. 영아 사망률이 높던 당시 아이에게 색동저고리는 벽사의 의미도 강하게 있었을 것으로 보인다.

《장화와 홍련전》에 나오는 홍련귀신은 녹의홍상을 입고 나온다. 장화와 홍련은 계모의 모함으로 억울하게 죽었는데, 쉬이 이 땅을 떠나지 못하고 원한을 갚기 위해 고을 사또를 찾아간다. 밤마다 고을 사또를 찾아가 자신들의 신원을 부탁하려 했지만, 장화와 홍련을 본 사또들은 뭐라 말을 붙여보기도 전에 놀라서 죽어나갔다. 조정에서는 사또가 줄줄이 죽어나가자 걱정이 이만저만이 아니었다. 마침 담력이 있는 사또가 그 자리를 자원을 하고 나섰다. 담력이 있는 사또는 홍련 귀신을 만나서 자초지종 이야기를 듣는다. 이때 홍련 귀신이 입고 있던 옷이 녹의홍상이다. 사실 녹의홍상이 일상적인 옷이라면 사또들이 놀라서 죽을 까닭이 없었을 것이다. 색과 귀신이 관계가 있다는 것은 고전에서 쉽게 확인할 수 있다. 《홍길동전》에는 요괴들이 나오는데, 그들이 거처하는 곳을 "화각畫閣이 광려廣麗하다"고 표현하고 있다. 《인현왕후전》에는 희빈 장씨가 "오색 비단으로 귀신을 만들어"라는 표현도 나온다. 사실 우리가 색이 있는 옷을 본격적으로 입게 된 것은 불과 50~60년 전의 일이다. 조선을 강제 점령한 일본은 자신들의 섬유를 판매하기 위해 흰색 옷을 고집하는 한국인을 탄압하면서 흰색이 귀신색이라는 소문을 퍼뜨렸다. 그런 것을 보면, 흰옷이 귀신 옷이 된 시기는 일제강점기인 것으로 보인다.

그럼 왜 우리가 흰색 옷을 버리고 울긋불긋한 총천연색 옷을 입고 다니게 되었을까? 이제 흰옷이 더 불편하고 비용이 높게 치이기 때문이다. 색깔 있는 옷은 세탁도 덜하고, 대량생산 되어 나오는 옷이기 때문에 값도 싸다. 한국인이 흰색에 무슨 정신적인 가치를 투사했다면, 이처럼 한순간에 흰옷이 우리 역사에서 사라지는 일은 없었을 것이다. 한국인은 철저하게 현실적이다.

7장

집에서 자란 음식

밥상을 채운 발효음식°

우리 음식에는 발효음식이 많다. 물론 술이 발효식품이니 지구상에 발효음식이 없는 곳은 없다. 우리가 좋아하는 치즈나 요구르트 등도 모두 발효음식이다. 이처럼 다른 나라나 지역에도 발효음식은 모두 있지만, 그 양에 있어서 한국의 발효음식은 압도적이다. 발효음식 전통도 오래되었다. 《삼국지》 위지 동이전 고구려조에 선장양善藏釀이라는 말이 나온다. 고구려인은 발효음식藏釀을 잘한다는 의미다.

발효음식이 많은 이유는 다양하게 설명할 수 있다. 일단 쌀은 심심하기 때문에 반찬이 필요하다. 밥만 며칠 먹어야 한다면 고역이다. 하루 이틀이라면 어떻게 넘어가겠지만, 밥만 계속해서 먹는 건 결코 쉽지 않다. 라면보다 못하다고 투덜거릴 수도 있다. 그래서 밥이 주식이라면 반찬은 꼭 있어야 하는데, 반찬을 계속 공급하는 일이 쉽지 않다. 백성이라는 이름으로 살아가던 민중의 생활은 고달픈 것이어서, 반찬을 하는 데 낼 시간이 많지 않았고, 설령 반찬을 한다고 해도 냉장고가 없던 당시에는 쉽게 상해버렸다. 이런 문제를 해결하기 위해 나온 음식이 장류와 장아찌류다. 바로 그 점이 우리가 고기와 빵을 주식으로 하는 유럽보다 발효음식을 많이 발달시킬 이유다. 실제 조선시대 상차림 중 5첩 반상은 '밥, 국, 기본 찬'을 기본으로 하고 여기에 다섯 가지 반찬을 더해서 차려 내는 밥상이다. 밥상을 구성하는 반찬을 좀 더 꼼꼼하게 따지면, 기본 찬은 장류로 구성된다. 간장·초장, 김치 그리고 조치(젓갈류가 들어간 찌개)가 기본 찬으로 제공된다. 그리고 추가로 제공되는 다섯 가지의 찬이 나간다. 이때 다섯 가지의 찬에는 다시 젓갈류가 들어간다. 그러니까 밥상 전체가 가히 발효음식으로 채워진다고 해도 과언이 아니다.

실제 생활 속에서 김치 종류를 세분화하면 김치 종류만 해도 배추김치·총각김치·열무김치·갓김치·파김치·동치미·깍두기 등 두 손을 쉽게 넘어간다. 여기에 된장·청국장 등 각종 장류, 황석어젓·새우젓·창난젓 등 젓갈류는 그 수를 헤아리기 힘들 정도이다. 장아찌 종류도 얼마나 많은가. 오이장아찌·마늘장아찌 등 각종 장아찌, 막걸리는 물론 식혜와 같은 음료 그리고 홍어와 같은 특산품까지. 우리 음식에서 발효음식이 차지하는 비중은 정말 어마어마하다.

그런데 쌀을 주식으로 한다고 해도 다른 나라에 비해 발효음식이 차지하는 비중은 과도할 정도다. 도대체 왜 이 정도로 발효음식이 발달했을까? 그건 한옥의 구조를 보면 알 수 있다. 장을 짓는 절차를 한옥의 구조에 따라 이해하면 이렇다. 일단 우리는 상대적으로 넉넉하게 불을 쓸 수 있었다. 그 이유가 난방과 취사를 한꺼번에 하기 때문이라는 건 앞에서 이미 보았다. 난방을 할 때 부뚜막에 솥을 올려놓지 않으면 난방을 할 수 없다. 즉 난방을 하려면 무조건 음식을 하거나 물이라도 끓여야 한다. 그 이유는 너무 당연하다. 아궁이의 불길이 위로 올라가는 것을 솥으로 막지 않으면, 고래로 불길이 들어갈 수가 없다. 아궁이에 무조건 솥을 걸어야 한다. 그래서 생활에서 쓸 불이 넉넉했다. 넉넉한 불과 열은 발효음식을 만드는 데 매우 요긴하다. 요즘은 음식을 잘하는 셰프가 대세다. 그러니 일단 같이 된장을 한번 쑤어보자. 먼저 콩을 수확해 와서, 물에 충분히 불린다. 충분히 불린 콩을 불 있는 부뚜막의 솥에 넣고 푹 삶는다. 잘 삶아진 콩을 절구에서 으깨어 메줏덩어리를 만든 다음, 구들방의 열기를 이용하여 잘 띄운다. 연세가 드신 분이라면 아랫목을 차지하고 있던 메줏덩어리를 본 기억이 생생할 것 같다. 그리고 이를 처마에서 잘 건조시키고, 장을 만들어 장독대에서 잘 숙성시킨다. 즉 부뚜막-구들-처마-장독대라는 시스템이 한옥 자체에 만들어져 있다. 이처럼 장류의 발전은 집 구조의 뒷받침 속에서 발전했다. 이는 실제 기록에서도 확인된다. 침채는 김치의 전

신으로 백성이 많이 해 먹던 반찬이다. 《음식지미방》의
침채하는 방법을 적어놓은 기록을 《우리음식문화 이야
기》(북마루지)에서 재인용하면 이렇다.

산갓침채는 산갓을 다듬어 찬물에 씻는다. 이것을 다시 더
운 물에 헹구어 작은 단지에 담은 다음 따뜻한 물을 붓고
의복으로 싸매어 뜨거운 방바닥에 두어 익힌다.

여기에는 세 가지 물이 쓰인다. 찬물·더운물·따뜻한
물, 이렇게 물을 종류대로 쓸 수 있었던 것은 아궁이와
부뚜막이 있어서 가능했다. 여기에 뜨거운 방바닥에 두
어 익힌다고 적었으니, 구들이 중요한 역할을 하고 있다
는 걸 확인할 수 있다. 부뚜막-구들-처마-장독대라는
시스템은 우리 음식문화에서 매우 중요한 창작시스템이
었다.

따뜻한 음식에 대한 집착

식은 밥 한 덩이, 식은 보리죽, 이런 표
현은 차가운 음식에 대한 우리의 적대감을 잘 보여준다.
아닌 게 아니라 식은 밥 한 덩어리를 먹다보면 동냥하는
거지라도 된 기분이 되기도 한다. 그래서 과거에는 누군

가의 집을 방문했는데, 거기서 식은 밥을 주면 그 사람
이 나를 증오한다고 생각할 정도였다. 시부모에게 찬밥
이나 찬 국을 봉양하면 바로 소박맞던 시절도 있었다.
따지고 보면, 옛날 에너지 상황은 지금과 많이 달랐다.
그 당시 따뜻한 밥을 먹는 일은 호의호식이나 마찬가지
였다. 그런데도 우리는 누구나 따뜻한 밥을 일상으로 여
겼다. 이런 식습관이 가능했던 것은 구들이 있었기 때문
이다. 한국인은 상대적으로 열을 풍부하게 사용했기 때
문에 따뜻한 음식을 해먹을 수 있었다. 추운 겨울 다른
나라 백성들이 얼음덩어리 밥을 먹을 때도 우리는 따뜻
한 밥과 국을 먹을 수 있었다.

　필자와 비슷한 시대를 살았던 사람이라면 누구에게
나 남아있는 추억이 있다. 아버지의 귀가가 늦는 날이면,
어머니는 밥이 담긴 그릇을 구들방 아랫목에 밀어 넣고
는 했다. 형제들이 발장난을 할 때도 발이 혹시나 그릇
을 건드리지는 않을까 조심하면서 아버지를 기다렸다.
당연히 아버지는 언제든 따뜻한 밥을 드셨다. 따뜻한 밥
먹기가 힘들었다면, 우리에게 찬밥에 대한 불온한 감정
의 전통은 생길 수 없었을 것이다. 아울러 우리는 국과
찌개를 많이 먹었다. 이 역시 구들이 있어서 가능했다.
사실 탕 종류가 중국에서 전해온 것처럼 이야기하는데,
이 전통이 어디에서 시작했는지는 좀 더 꼼꼼하게 따져
볼 필요가 있다. 한국과 중국 중 에너지가 무진장 들어

가는 그런 음식을 누가 더 개발하기 쉬웠을까 생각하면, 삿대질을 하면서라도 따져보고 싶은 마음이다. 아무튼 잔불이 남아 있는 부뚜막에 놓인 국은 늘 먹을 수 있는 반찬이기도 했다. 반찬이 없을 때 따뜻한 국에 밥을 말아서 먹어본 사람이라면 '국이 때로는 반찬보다 중요할 수 있겠구나' 하는 생각을 해봤을 법하다. 무언가를 장시간 푹 고아 먹을 수 있다는 것은 지난 시절 매우 어려운 일이었다. 이런 음식을 먹었다는 것은 구들을 빼고는 설명할 수 없다. 국이 일상화되다 보니 우리는 국이 없으면 물이라도 가져다 놓고 밥을 먹고는 했다.

도시락보다 식당 °

　　이십 년이 다 되어 간다. 캐나다에 간 적이 있었다. 그곳의 젊은이들이 사는 모습이 궁금해서 한 대학에 갔었다. 캠퍼스가 주는 자유로움은 한국의 캠퍼스와 다르지 않았지만, 식문화의 차이는 눈에 바로 잡혔다. 캐나다 학생들의 손에는 먹을 것이 들려 있는 경우가 많았다. 말하자면 도시락이었다. 당시 그들의 경제적 상황이 우리의 그것보다 나으면 나았지 못하지 않았다. 그런데도 그들은 식당에서 밥을 사먹기보다 가볍게 도시락으로 점심을 먹는다는 게 신선하게 다가왔다.

공연히 가난한 주제에 우리는 왜 그리 외식을 많이 하는 지! 한국 학생에 대한 불만을 토로하기까지 했다. 당시 한국에서는 가난한 대학생들도 도시락을 싸서 다니기보다는 구내식당이나 외부 식당에서 식사를 해결하는 경우가 많았다. 그렇다고 그 친구들이 낭비를 하는 학생들도 아니었기 때문에, 결국은 캐나다 국민의 근검절약 정신을 높이 사는 것으로 잠정 결론을 내리고 말았다. 그러나 그런 믿음은 바로 무너졌다. 몇몇 학생의 손에 들린 봉투를 자세히 보니, 음식은 주로 샌드위치나 과일 종류였다. 굳이 식당에 가서 먹을 이유가 없는 음식이었다. 차라리 잔디밭에 앉아 먹는 것이 나았다. 중고등학교 시절 도시락 문화를 생각하면 음식에 대한 취향이 얼마나 다른 지 알 수 있었다. 난로 위에 도시락을 층층이 쌓아 놓았던 겨울 교실의 풍경은 한국인의 따뜻한 음식에 대한 열망을 짐작하게 하는 추억 속의 사진이다. 적지 않은 친구들이 한여름에도 보온 통에 국과 밥을 챙겨왔다.

따뜻한 음식과 국을 좋아하는 식습관은 고기를 곁들여서 빵을 먹는 사람들의 식습관과 다를 수밖에 없다. 그런 식습관은 옛날부터 지금까지 전해 내려오는 물질문명이고, 습관이다. 서양과 우리는 식사문화가 많이 달랐다. 책에 따라서 서술 내용에 차이가 있기는 하지만, 서양에서는 불을 활용하는 기술이 우리처럼 발달하지 않아서, 집에서 빵을 굽기보다 외부에서 빵을 구워오는 일이 흔했던 것으로 보인다. 우리 식으로 따지자면, 쌀을 씻어서 밥을 가게에 가서 해오는 식이었는데, 우리에게는 매우 낯선 장면이다. 이는 불을 사용하는 방법에서 비롯되었다. 집 안에서 장작을 때면 화재 위험이 있다. 거기에다 연기와 분진을 감당할 수 없었다. 그래서 이런 것 저런 것을 따져보면, 빵 굽는 가게에서 굽는 것이 여러 가지로 유리했다. 그래서 반죽만 해서 빵 굽는 가게로 간 것이다. 이 사람들이 따뜻한 음식에 대한 의식이 우리와 다른 것은 아주 자연스럽다. 빵에 비교할 수 있는 떡도 마찬가지다. 차가운 빵과 차가운 떡은 우리에게 주는 느낌이 다르다. 지금도 빵은 차갑게 먹어도, 떡은 따뜻하게 먹어야 한다고 굳게 믿는 분이 있다. 결국 따뜻한 밥과 국에 대한 열망이 한국인을 식당으로 유인하는 것이다.

밥 먹자고 퇴근 막는 부장°

외식 이야기가 나오니, 요즘 유행하는 혼밥을 그냥 지나칠 수 없다. 혼밥은 혼자 먹는 밥을 의미한다. 학창 시절이나 직장 시절이나 식사할 때가 되면 식사를 같이 할 동료를 찾아 나서고는 했다. 같이 먹을 사람을 물색하는 데 실패해서 혼자 밥을 먹으려면 얼마나 처량했던지. 본사가 서울에 있는 회사의 경우, 순환보직에 따라 인사발령이 나서 2~3년씩 지사에 내려와 있는 직장인이 적지 않았다. 혼자 사는 부장은 퇴근할 때가 되면 같이 식사할 직원 물색에 나서고, 어떤 친구는 거기에 걸리지 않으려고 눈을 피해 달아나고는 했다. 그만큼 우리는 혼자 식사하는 걸 몹시 싫어했다. 그런데 혼밥이라는 말이 나올 정도로 이제는 혼자 식사하는 모습이 일상화되고 있다.

여럿이 함께 식사하는 문화는 주거문화와 관계가 깊다. 한국인은 가족이 모여서 함께 식사를 했다. 요즘은 식사가 간단해져서 그나마 괜찮지만, 옛날에는 식사 시간에 밥을 먹지 않으면 안 됐다. 상을 다시 차리는 일은 결코 쉬운 일이 아니었다. 왜냐하면 밥과 국을 따뜻하게 해야 했다. 그래서 어린 시절 집 밖에 나가 친구들과 놀고 있으면, 식사 때마다 밥을 먹으라고 자식을 찾아다니는 어머니가 많았다. 식사 시간에 가족이 함께 식사를 해야 했기 때문이다. 당시 한국인에게는 식사하는 공간보다 식사하는 시간이 중요했다. 일어나서 이불 개고 밥상을 들이는 문화였기 때문에, 그 시간에 같이 식사를 해야 했다. 그래서 우리에게 식사는 배고플 때 혼자 하는 것이 아니라, 조금 배가 고파도 참다가 같이 먹고, 배가 불러도 조금씩 뜨는 것이다. 즉 우리 식사다. 그러고 보면 구내식당이 회사마다 있는 것도 특이하다. 필자가 다니던 회사의 지방 지사는 규모가 작았는데, 거기에도 구내식당을 만들어 직원들이 식사를 같이 하고는 했다. 최근 몇 달 동안 작은 규모의 회사에 글쓰기 지도를 나갔는데, 거기도 10명 안팎의 직원이 구내식당을 만들어서 식사를 했다. 덕분에 필자도 숟갈을 얹을 수 있었다. 이런 문화는 한솥밥 문화와 식사를 함께하는 문화 그리고 따뜻한 음식을 선호하는 문화가 결합되어 만들어진 것이다. 한국인은 밥을 같이 먹어야 돈독해진다. 그래서 '차를 한 잔 하지요.'와 '식사를 하지요.'의 의미는 많이 다르다. 최근에 혼밥·혼술 바람이 부는 것은 주거문화의 급격한 변화로 우리의 한솥밥 문화가 와해되고 있음을 보여준다. 혼밥·혼술은 개인주의 경향이기도 하지만, 근본적으로는 우리 주거문화가 변한 것이다.

포크와 숟가락 °

70년대, 필자가 아직 소년이었을 때 레스토랑에 간 경험이 있었는데, 당시 당혹스러웠던 기억 하나가 지금까지 생생하게 남아 있다. 거기에서는 수저와 젓가락 대신 포크와 칼을 주었다. 당시 스테이크를 칼로 잘라서 포크로 먹는 것은 분명 고급문화에 속했다. 그러나 당시 필자의 눈에 그 장면은 아무리 보아도 고급스럽지 않았다. 부엌도 아니고 식당에서 식사를 하는데, 칼을 쓰는 것도 그렇고 삼지창처럼 생긴 포크도 영 마뜩 찮았다. 그럼 서양 사람들은 언제부터 포크를 썼을까? 중세를 배경으로 하는 서양 영화에서도 등장인물은 자연스럽게 포크를 쓰지만, 사실을 말하면 포크가 처음 쓰인 것은 16세기다. 이탈리아의 베네치아에서 처음 썼는데, 이것이 유럽으로 퍼지기까지는 꽤 오랜 시간이 걸렸다. 우리에게 잘 알려진 몽테뉴조차 손으로 음식을 먹었는데, 너무 급하게 음식을 먹다 손가락을 깨물어서 주변에 사과를 한 일화가 있다. 따지고 보면 어린 필자만 삼지창을 쓰는 레스토랑을 이상하게 생각한 건 아니다. 그런 생각은 처음 포크를 사용할 당시 유럽인 자신의 느낌이기도 하다. 유럽에서 포크를 처음 쓸 당시 사람들은 누군가 포크를 쓰면 삼지창을 쓴다며 비웃기도 했다는 기록이 있다. 이런 선입견을 극복하고 포크가 보편화된 것은 18세기가 되어서다. 태양왕으로 알려진 루이 14세 역시 포크 대신 손으로 음식을 먹었다. 그들은 식사를 하며 물을 채운 대야에 계속 손을 닦기도 했고, 냅킨으로 손을 닦기도 했다. 우리가 문화적이라고 말하는 유럽인들의 식탁문화는 사실 뒤늦게 발달했다. 그러나 우리는 숟가락과 젓가락을 아주 오래 전부터 사용해오고 있다. 우리는 늘 뜨거운 음식과 뜨거운 국물을 먹어야 했기 때문에 효율적인 식사를 위해서는 수저와 젓가락이 필요했다. 숟가락과 젓가락이 아니라도 음식의 종류가 다양해서 식사를 할 때 쓰는 도구도 다양하다. 국을 먹기 위해 볼이 넓은 그릇이 있어야 하고, 다양한 찬과 밥을 담기 위해 거기에 맞는 그릇을 개발해서 썼다. 이게 신라 유물로 남아 있다. 유럽 문화가 대단한 것 같지만 17세기까지도 그 사람들은 손으로 음식을 먹었다. 우리만큼 식사문화가 고급스러운 나라는 그다지 보이지 않는다.

한국에서 코스요리가 발달하지 않은 까닭°

사람들이 궁금해 하는 우리 식문화 중에 하나가 한국에는 왜 코스요리가 발달하지 않았는가 하는 점이다. 유럽이나 중국에는 코스요리가 다 있는데, 희한하게 우리만 없다고 아쉬워한다. 물론 코스요리를 먹지 못한 것은 백성만이 아니었다. 궁궐에서 풍요를 누리던 왕도, 세도를 누리며 잘 나가던 양반도 코스요리를 즐긴 것 같지는 않다. 코스요리 대신 우리는 한상요리가 발달했다. 3첩반상, 5첩반상, 7첩반상은 한꺼번에 제공되는 반찬의 가짓수와 관련되어 있다. 그럼 왜 우리 음식은 동시에 나갈까?

그 이유는 우리 주거문화와 불가피하게 이어져 있다. 우리는 방을 용도에 따라 구분하지 않는다. 즉 방 하나를 침실이라는 하나의 용도로 사용한다든가 식당이라는 하나의 용도로 사용하지 않았다. 대신 하나의 공간을 시간별로 나누어 썼다. 그래서 마냥 늘어지는 코스요리 문화가 발전하기 힘든 생활구조다. 식사 시간이 길어지면, 가족 모두의 생활이 지장을 받는다. 프랑스인은 식사를 3시간씩도 한다고 하는데, 한국에서는 식사를 3시간이 아니라 30분만 한다고 해도 경을 치기 십상이었다. 우리는 비교적 식사를 빨리 끝내는 것을 원칙으로 했다.

배달문화 역시 이런 전통문화와 관계가 있다. 점심시간을 예로 들면, 점심시간 동안 사무실은 식당이 되지만, 점심시간이 끝나면 사무실은 다시 식당에서 사무실로 바뀌어야 한다. 그런데, 배달이 늦어지면 문제가 생길 수 있다. 이런 심리에도 하나의 공간을 시간으로 나누어 쓰는 주거문화가 숨어 있다. 그러니 당연히 빨리빨리 문화와 긴밀하게 이어져 있다. 배달된 음식이 일정한 시간 내에 와야지만, 음식을 먹고 그 공간을 다음 용도로 사용할 수 있다.

코스요리가 발전하지 못한 데에는 주식이 밥이라는 것도 한 몫 했다. 가장 중요한 음식이 밥이고 밥만 다 먹으면 식사는 더 이상 진행되지 않고, 거기서 끝났다. 심하면 물에 밥을 말아서 마셔버리기까지 했다. 게 눈 감추

듯 먹는다는 것이 꼭 배고픈 사람에게만 해당하는 말도 아니다. 사위가 와서 그렇게 밥을 먹으면 옛날에는 장모가 예쁘다고 칭찬까지 했다.

마지막으로 이유를 하나 추가하면 젓가락이 있고 없음의 차이다. 유럽의 경우에는 오로지 손으로 식사를 해야 하기 때문에, 음식을 다양하게 차려서 한꺼번에 여러 사람이 나누어 먹기 어렵다. 손에 음식을 잔뜩 묻혀서 같이 먹는 음식을 헤집을 수는 없는 노릇이다. 그래서 음식이 개인별로 하나씩 차례로 나오고, 그것을 순서대로 먹을 수밖에 없었다. 그러나 우리는 젓가락과 숟가락을 썼기 때문에 먼 거리의 반찬을 깔끔하게 가져다 먹는 일이 어렵지 않았다. 그래서 음식을 모두 내놓고 먹을 수 있었다. 음식을 한꺼번에 먹는 습관은 음식을 선택하는 방법까지 바꾸어 놓았다. 우리는 먹고 싶은 것을 다 내놓고 먹는 문화인데, 음식점에서는 그것이 안 된다. 이 문제를 해결하기 위해 나온 것이 짬짜면이다. 짬짜면을 짜장도 아니고 짬뽕도 아니라고 생각하는 사람도 있겠지만, 짬뽕과 짜장을 동시에 먹는다고 생각할 수도 있다. 이는 음식 한 상을 차려놓고 한꺼번에 먹는 음식 문화와도 관계된다. 비빔밥처럼 말이다. 비빔밥은 코스요리가 아닌 한국의 식사문화를 상징적으로 이해할 수 있는 음식이다. 코스요리가 발달하지 않은 것은 사실 수준 높은 식사문화가 있었기 때문이다. 지금은 모든 것을 서양인의 눈으로 보기 때문에 코스요리가 없는 한식에 불만을 가지는 것은 아닌지. 하지만, 주거문화가 서양식으로 바뀌는 근본적인 상황을 이해할 필요도 있다.

시원한 찜질방 문화°

세상에 믿을 놈 하나도 없다.

인구에 회자되는 우스갯소리다. 다 아는 이야기지만, 간단하게 스토리를 정리하면 이렇다. 아버지와 아들이 목욕탕에 갔다. 김이 모락모락 나는 온탕에 들어간 아버지가 말한다. "아! 시원하네!" 어린 아들이 아버지의 말을 듣고 첨벙 탕에 들어갔다. 그런데, 아버지의 말과 달리 탕은 몹시 뜨거웠다. 아이는 탕을 빠져나오며 "세상에 믿을 놈 하나도 없네!" 말한다. 지금 어디에 가서 이 말을 하면 아재개그 한다는 말을 듣겠지만, 한때 학생들 사이에서는 꽤나 유행하던 유머였다. 우리말에서 시원하다는 말은 두 가지 의미로 쓰인다. 피부에 차가운 기운이 느껴진다는 의미가 하나고, 무언가 뜨거운 것이 속을 후련하게 하여 시원한 느낌을 준다는 의미가 하나다. 아버지는 후자의 느낌을 말했고, 아이는 이 말을 전자의 의미로 받아들인 것이다.

이때 속을 후련하게 하는 뜨거움이 외부에서 작용

할 때가 있고, 내부에서 작용할 때가 있다. 외부에서 작용하는 뜨거움은 찜질방이 대표적이다. 찜질방의 전통은 꽤 오래 된 것이다. 구들방은 공간을 밀폐시키고 불을 뗀다는 점에서 구들방 자체가 찜질방이다. 그러나 구들 문화가 없던 유럽인은 우리나라의 열탕과 찜질방의 뜨거운 열기를 감내하지 못해 도망가는 이가 많다. 이는 개화기 증언에서도 확인된다.

> 밥을 하려면 아궁이에 불을 지펴야 하기 때문에 농가의 방바닥은 항상 뜨거웠다. 조선인들은 손님을 좀 더 융숭히 대접하고자 할 때 방바닥을 더욱 뜨겁게 달구었다. 그런 방바닥에서 쉰다는 것은 거의 고문에 가까웠다.

한옥의 구들을 체험한 한 러시아인이 《내가 본 조선, 조선인》에 고백한 이야기다. 한국은 주거문화 자체가 찜질방 문화다. 한국인은 구들방에 몸을 지지거나, 찜찔방에 들어가 땀을 내며 시원하다고 말한다. 고려시대 귀족은 구들방에 늘 머물지는 않았지만, 오늘날 전원주택을 짓는 사람들이 찜질방을 구비하는 것처럼 하나씩 구비하고 사용했던 것으로 보인다. 당시 귀족들이 구들방을 주 거처로 사용하지 않은 이유는 구들방을 만들려면 공간을 크게 하지 못하고, 또 흙으로 지어야 하기 때문이었다. 사실 찜질방은 지금도 흙으로 짓는 경우가 많다. 건축기술이 있고 돈도 있어서 언제든 사찰의 대웅전처럼 멋지게 지을 수 있는데, 움집 같은 흙집에 살면서 귀족의 위신을 깎아 먹을 필요는 없었다. 지배계급의 이런 고민은 조선시대에 익공이라는 부재가 나오면서 해결되었다. 조선시대부터는 이 부재를 이용하여 크고 번듯한 구들방을 만들 수 있었다. 오늘날 건물의 규모가 크고 볼만하다고 느끼는 살림집은 익공집인 경우가 대부분이다.

내부에서 작용하는 뜨거움으로 속을 시원하게 하는 방법은 음식이다. 뜨거운 음식을 먹을 때 나타나는 현상이다. 삼복더위에 뜨거운 삼계탕을 먹는 한국인을 보면, 서양 사람들은 고개를 갸웃할 것이다. 음식의 뜨거움이 주는 속살의 시원함 역시 구들과 밀접한 관계가 있다. 오랜 한국의 물질문명이 우리 삶 속에 무의식적으로 남긴 체질이라고 할 수 있다. 찜질방이 되었든 뜨거운 음식이 되었든, '시원하다'며 땀을 흘리는 독특한 만족감은 넉넉한 열에너지 덕분에 생긴 한국인만의 독특한 촉감이다.

식사할 때 침묵하는 이유 °

돌이켜보면 어린 시절 가족과 함께하는 식사 시간에 마음 편하게 무언가를 이야기를 한 기억이 없다. 식사 시간에 말하는 행위가 우리에게는 금지되어 있었다. '밥 먹을 때는 밥만 먹는다.' 이 말은 당시 많은 한국인 가정에 가훈 같은 것이었다. 돌이켜 보면 이런 습관은 참 이상하다. 우리는 동시에 몇 가지 일을 하는 데 익숙한 민족이어서 식사를 하면서도 자연스럽게 대화를 나눌 만하기 때문이다. 그런데, 생각을 조금 틀어보면 이런 식사습관은 너무 당연하다. 생활이 '빨리빨리'로 이어지다 보니 식사시간도 빨라질 수밖에 없었다. 하나의 공간을 스케줄에 맞추어 쓰다 보니 생긴 습관이다. 특히 아이들이 말하면서 식사를 한다면, 식사 시간이 길어질 수밖에 없다. 요즘 아이들은 투정을 부리면서 밥을 안 먹는다고 떼를 쓰지만, 옛날에는 아이들이 그렇게 투정을 부릴 처지가 아니었다. 실제 밥그릇을 빼앗아 버리기도 했으니까. 아이의 식사시간이 길어지면, 다음 일을 진행할 수가 없다. 그래서 밥상머리 예절은 어느 집에서나 중요했다. 말을 하지 않고 빨리 먹어야 다음 스케줄로 이어질 수 있었다. 우리 식사문화가 주거문화와 관계있다는 것은 관용적인 표현에서도 확인할 수 있다. '아침 먹는다.' '점심 먹는다.' '저녁 먹는다.'는 표현은 글자 뜻으로만 보면 밥이 아니라 시간을 먹는다는 의미이다. 그만큼 우리는 스케줄에 따라 사는 생활에 익숙했다. 우리에게 식사라는 개념에는 주어진 시간에 그 일을 해치우는 의미가 같이 들어가 있다. 그래서 한국인의 식사

집에서 자란 음식

141

에서는 질보다 양이 중요하다. 음식 맛이 없다고 투정부리다가는 경을 치기 십상이었다.

조선이 바람 앞의 촛불이던 19세기 말이면 외국인이 조선에 심심찮게 나타난다. 그들의 눈에 비친 조선 사람들 식성은 대단했다. 한꺼번에 몇 인분을 먹는 조선 사람의 식성은 정말 놀라웠다. 그래서 그런 장면을 그린 글이 여럿 남아 있다. 그들은 여유 있게 코스요리를 먹었겠지만, 한국인은 한자리에서 한꺼번에 모두 먹었기 때문에 그런 느낌을 받았을 수 있다. 여기에 이유를 추가하면, 한국인에게 음식의 질보다 양이 중요했던 까닭은 첫째가 위에서 말한 집의 구조 때문이고 둘째는 영양학 상의 문제다. 한국인에게는 육식이 절대적으로 부족했다. 그러니까 목축이 발달한 유럽에선 고기를 주식으로 하였지만, 농사만 지었던 한반도에서는 먹을 고기가 충분하지 않았고, 고된 농사일을 오로지 밥심으로만 해결했다. 농사일은 정말 고되고 힘들다. 고된 노동을 하는데 고기를 먹지 못하니 밥을 많이 먹을 수밖에 없는데, 이런 상황을 고기를 상식하는 서양 사람들로서는 이해하기 어려웠을 것이다. 당시 조선 사람들은 밥을 많이 먹으려고 노력했다는 기사까지 있다. 이런 기사를 보면 사람들은 한국인이 가난했다고 이야기하며 우울해 하지만, 굳이 그렇게 생각할 필요는 없다. 당시 우리가 사는 집의 구조가 빠른 식사를 요구했고, 또 노동의 강도가 상상을 초월하던 시절이다. 지금이야 기계로 모든 일을 하니까 그렇지만, 기계화되기 전 농사일은 정말 힘들었다. 질퍽이는 논바닥에서 모내기를 한 번이라도 해본 사람이라면, 농사일이 어떤 노동보다 힘들다는 걸 절감할 수 있다. 그래서 조선시대에는 아침과 저녁 두 끼를 먹는 게 일상이었지만, 농번기에는 세 끼를 먹었다. 이는 기록에도 남아 있다. 《의식주, 살아있는 조선의 풍경》(역사비평사)에서 일부를 옮긴다.

> '오희문의 쇄미록'에 보면 18세기 곤궁한 시절임에도 불구하고 성인 남자가 한 끼에 7홉을 먹었고, 영암의 남평 문씨 '족계용하기'에서는 반상을 구분하지 않고 시종일관 한 끼에 7홉을 제공했고, 의성 김씨의 '양용기'에서도 성인 남자의 식사량을 7홉에서 8홉으로 규정하는데, 이는 오늘날 성인이 먹는 밥의 세 배에 해당한다.

오늘날 한국인은 당시 조선사람 식사량의 1/3 정도의 밥만으로 살 수 있다. 이는 사람들이 그만큼 육체노동을 하지 않고, 고기를 많이 먹는다는 의미다. 요즘은 오히려 세끼 모두 밥을 먹었다고 하면, 이상하게 보는 사람도 있다. 참고로 최근 기사에 의하면 2016년 쌀 생산 추정액이 6조 5000억 원, 돼지 생산액은 6조 8000억 원으로 우리 민족의 주식主食인 쌀의 생산액이 5000년 역사에서 처음으로 2위 자리로 밀려나고 돼지 생산액이 1위로 올라섰다. 게다가 쌀 생산액 2위 자리도 한우 생산액에 의해 조만간 추월당할 것으로 전망되고 있다. 한국인의 식성이 근본적으로 변하고 있는 중이다.

우리는 왜 쓰러질 때까지 마실까?°

한솥밥 문화는 술을 먹을 때도 그대로 드러난다. 우리에게 음식은 단지 먹는 것으로 끝나지 않는다. 그것은 하나의 공동체를 확인하는 과정이다. 이는 음식을 나누는 데서 확인할 수 있다. 지금이야 아파트 생활이 일상이 되면서 거의 사라져버린 전통이지만, 얼마 전까지만 해도 이사를 하면 누구나 떡을 해서 이웃과 나누었다. 음식을 나누면서 우리는 마음을 나누었다. 이런 행위를 통해서 내가 이 마을의 (생활) 흐름 속에 들어왔다는 것을 알리는 것이다. 귀신에게도 떡을 나누어주던 때가 있었다. 그러니까 정확하게 말하면 우리는 음식을 나누는 것을 통해서 대상과 하나의 흐름이 된다고 할 수 있다.

한국인은 밥과 국 그리고 반찬을 동시에 내놓고 먹는다. 하나의 공간을 시간으로 나누어 쓰다 보니 이런 식사문화가 생길 수밖에 없었는데, 이런 문화는 음식을 나누기에 더없이 좋다. 말 그대로 수저만 얹으면 누구나 끼어 먹을 수 있다. 만약에 식사가 코스 요리로 나온다면 우리는 뒤에 온 사람과 음식을 나누는 일이 쉽지 않았을 것이다. 그리고 식사를 한다는 것은 같은 공간 속에서 같이 시간을 보내는 것이어서 관계를 돈독하게 한다. 이미 앞에서 말했지만, 식사를 같이 하는 것은 단지 음식을 나누어먹는 것 이상이다. 이불을 개고 밥상이 들어오고 나가는 생활의 흐름 속으로 들어가는 것이기 때문이다.

술도 다르지 않다. 《고려도경》(22권 정료 편)에는 "고려의 풍속이 밤에 술 마시는 것을 좋아하며"라고 나오는 것을 보면, 술을 가까이 하는 것은 오랜 전통이다. 그리고 술을 마실 때 맛보다 하나의 공간에서 같이 시간을 나누는 것이 중요하다. 즉 생활이 함께 진행되는 것이다. 그것도 밤늦게까지. 이때 상다리가 부러지게, 한상 차리는 미덕은 술에도 그대로 적용된다. 배부를 때까지 먹도록 하는 것이 미덕인데, 술 역시 음식인 바에야 이 범주에서 멀리 나가지 못한다. 그런데 술은 적당량을 넘어서면 술이 술을 먹는다. 적당한 선에서 멈출 수가 없다. 여기에 흐름을 타는 문화까지 더해져 1차에서 끝나지 않는다. 2차, 3차. 그런데 생활이 바빠지다 보니 빨리 취할 필요가 생겼다. 이런 상황이라면 폭탄주는 아주 매력적인 나눔 거리가 될 수 있다. 왜 그 비싼 양주를 맥주에

섞어 마실까. 서양 사람이라면 우리를 미쳤다고 할지도 모르지만, 사실 우리에게 중요한 것은 값이 아니다. 값비싼 양주를 나눌 수 있다는 것이 더 중요하다. 마음을 폭탄에 실어 보내는 셈이다. 폭탄주를 마시는 사람들에 의외로 판검사나 의사처럼 화이트칼라가 많다는 것도 이런 현상이 얼마나 복합적이고 뿌리 깊은지 생각하게 한다. 과거에 미국이나 러시아에도 폭탄주가 있었다고 하지만, 추위가 살을 에는 그런 곳에서는 가난한 노동자들이 값싸게 빨리 취하기 위해서 폭탄주를 이용했다는 점에서 한국과 다르다. 그러니 한국인에게 폭탄주는 습성과 관계가 있다.

나가 놀아라 °

어렸을 때 방에서 소란을 피우면 어른들에게 늘 듣던 말이다. "나가 놀아라." 한옥은 실내와 실외 양쪽을 적절하게 사용하는 집이었다. 특히 여름이라면 한데 생활이 익숙한 집이다. 그런데, 최근 한국인은 여름이나 겨울이나 모두 실내에서 생활한다. 주거문화 자체가 크게 바뀌었다. 그러다보니 외부(마당)에서 하던 일들이 모두 외부업체로 아웃소싱 되고 가정에서의 생활은 모두 실내화 되었다. 그러니까 마당에서 하던 장례식이며 결혼식 등이 모두 외부 상업시설로 넘어가고, 겨울에는 따뜻하게 여름에는 시원하게 실내에서 생활을 하게 된 것이다. 그런데 좌식문화는 계속되다 보니 손님을 맞이할 공간이 마땅치 않다. 작은 행정구역인 면에 가도 수많은 다방이 도로를 사이에 두고 도열해 있는 까닭도 이와 무관하지 않을 것이다. 물론 자본주의가 사람과 사람의 만남 자체를 상품으로 만들어 시장에 제공하고 있는 영향을 무시하기 어렵기는 하다. 그러나 결국 사랑채 자체가 아웃소싱 되었다고 말할 수도 있다. 아무튼 실내를 보여주고 싶지 않은 마음이 이런 시대적 흐름과 잘 맞았다.

한옥에서 마당이라는 공간은 건물 밖에 노출되어 있어서, 한옥에 산다는 것은 끊임없이 다른 사람들과의 만남을 전제한다. 그래서 건물 밖에서 사람을 만나는 일이 자연스럽고, 외부에서 움직이다보니 놀이 자체도 활달하다. 노래하고 춤추고 신나게 논다. 몇 년 전인가? 바닷가에 갔는데, 가정용 LPG가스통까지 들고 나와서 음식을 해먹고 있었다. 물론 산에까지 가스통을 끌고 오는 경우도 몇 번 목격한 바 있다. 좀 어이없는 상황이었지만, 한국인의 성품을 잘 보여주는 장면이었다. 한국인이 외국인보다 소심할 것 같지만, 주거문화로만 보면 그렇지 않다. 노는 장면은 화끈하다. 마당이라는 널찍한 공간에서 술 마시고 노래하고 그런 문화인데, 마당이 사라진 지금 이걸 집에서 소화하기가 쉽지 않다. 서양 사람들은 한국인의 음주가무를 쉽게 이해하지 못한다고 하는데, 주거문화가 서양 사람과 한국인의 행동패턴에 준 영향이 다르기 때문에 나온 어쩔 수 없는 차이다. 활달하게 움직이는 한국인은 집 안에 있기보다 밖으로 나가서 등산도 하고 술도 마시고 한다. 블루스처럼 끌어안고 제자리만 빙빙 도는 놀이는 맞지 않았다. 물론 생활로만 따지자면, 마당이 사라진 지금 우리는 어쩔 수 없이 실내생활을 즐기기도 하지만, 직장마다 마을마다 촘촘하게 산악회나 조기축구회가 있다는 사실도 외부생활에 익숙한 우리 주거문화가 현실에 남긴 흔적이라고 할 것이다.

한국인이 사람을 만나는 장소로 집보다 외부를 선호하는 가장 큰 이유는 무엇보다 그게 편하기 때문이다. 형편이 좋은 양반은 사랑채도 두고 행랑채도 두었지만, 가난한 백성이라면 방 하나에서 생활하고 모든 이벤트가 그곳에서 벌어졌기 때문에, 거기에서 사람을 만나는 일은 아주 가까운 사람이 아니라면 곤란했다. 물론 지금은 아파트 생활이 일상적이니 불편함이 옛날보다 덜할 수 있지만, 사실 우리 아파트 구조상, 서민 아파트 규모라면 손님을 위한 별도의 공간을 마련하기는 쉽지 않다. 방이 개인화 되면서 방마다 주인이 확정되어서 거실에서 손님을 접대하게 되는데, 거실은 과거의 전이문화가 남은 공간으로 주인 입장에서는 마음이 편치 않다. 개인적으로 생각해보아도 최근에 누군가의 집에 방문해 본 기억이 그다지 없다. 가까운 친구를 만나도 집 밖에서 만나게 된다. 그래서 우리가 외부에서 손님 접대를 하는 이유에는 누가 뭐라고 하든 편하기 때문인데, 편한 것을 좋아하는 것이 또 우리의 성품이다. 손님을 집 안에서, 특히 아파트에서 접대할 때 불편한 점을 나열하면 이렇다. 우리 생활에 여전히 남아 있는 전이문화를 일단 거슬러야 한다. 그리고 마당 문화가 갖는 활달함을 자제해야 한다.(아파트는 마음대로 소란을 떨어도 되는 공간이 아니다. 소란을 참지 못하는 이웃이 칼을 들고 쫓아올지도 모른다.) 최근에는 개인화된 가족들의 눈치까지 봐야 한다. 결정적으로 가정주부가 피곤하다. 가정주부가 피곤한 이유는 한국의 음식문화만 봐도 알 수 있다. 채소를 다듬고, 갖은 양념을 준비하고, 무언가를 지지고 볶고, 끓이고 하는 이 모든 것이 사람을 불편하게 한다. 이에 비해서 밖으로 나가면 모든 것이 편하다.

한국인의 놀이 문화는 두 가지 형태다. 마당이라는 활달한 놀이 문화가 하나고, 방 안에서 옹기종기 앉아서 노는 문화가 또 하나다. 이때 옹기종기 모여 앉아 노는 문화가 오늘날 카페나 다방을 찾아 수다를 떠는 문화를 만들었다면, 마당에서 흥겹게 노는 문화는 가스통을 짊어지고 바닷가로 산으로 가게 하는 문화를 만들었다.

149

8장

애완견 문화가 없는 나라

애완동물은 없다

다음카카오에서 제안을 받아 '포털사이트 다음'에 스토리펀딩을 연재한 적이 있다. 그때 매우 특이한 현상을 발견했다. 펀딩이 잘 되는 스토리는 애완동물 특히 개와 고양이 관련 이야기였다. 펀딩하는 사람들은 사람이 아닌 동물, 특히 유기된 동물을 보호하는 데에 관심이 많았다. 사회적으로 무한정 약자로 내몰리는 젊은이들의 마음을 보는 것 같아서 안타까웠다. 그런데 좀 더 냉정하게 생각하면, 사람이 아닌 동물에 이토록 많은 관심을 갖는 상황은 이전에는 없던 문화현상이다. 한 조사에 의하면 아직도 우리나라는 애완동물을 가장 적게 키우는 나라다. 연합뉴스의 보도(2017년 1월 29일)에 따르면 한국인은 68%가 애완동물을 기르지 않아서, 조사대상인 22개국 중에서 애완동물 인구가 가장 적었다. 우리가 애완동물을 키우지 않게 된 이유는 한옥을 보면 알 수 있다.

트럼프 대통령은 애완동물 없이 백악관에 입성한 첫 번째 대통령이라는 기사가 눈길을 잡았다. 미국 대통령은 언제나 개를 데리고 백악관에 들어갔다는 이야기다. 서양 사람들에게 애완동물이 얼마나 일상적인지 알 수 있다. 애완동물 문화는 그 지방의 기후나 난방장치와 깊은 관계가 있다. 대체로 더운 지방보다 추운 지방에서 애완동물을 더 많이 키웠다. 산업혁명이 진행되기 전까지 유럽의 겨울은 매우 혹독했다. 당시 추운 겨울에는 난방장치가 제대로 없어서 짐승과 같이 생활하는 경우도 많았다. 유럽의 겨울 추위는 재앙과도 같았다. 추위 앞에서 가난한 사람들의 목숨은 파리 목숨이었다. 제노바처럼 잘 사는 도시에서도 가난한 사람들은 겨울이 되면 얼어 죽지 않기 위해 자진해서 (죄수가 하는) 갤리선의 노 젓는 일꾼으로 팔려가기도 했다. 왕족조차 추운 겨울을 이기기 위해 개를 끌어안고 자야 할 정도였다. 한 번에 대여섯 마리씩 끌어안고 자기도 했는데, 이처럼 개와 함께 사는 유럽의 전통은 매우 오래된 것이다. 1656년에 그려진 벨라스케스의 그림 〈시녀들〉에는 그 정황을 짐작할 수 있는 묘사가 있다. 그림에는 궁정의 실내 모습이 꼼꼼하게 묘사되어 있는데, 놀랍게도 사람만큼 덩치가 큰 개가 사람들과 자연스럽게 어울리고 있다.

우리는 실내에서 개를 키우지 않았다. 개와 함께 살기에는 방이 너무 좁았다. 그러나 그 이유 때문만은 아니다. 굳이 개가 아니어도 한옥은 따뜻했다. 따뜻한 구들이 있어서 짐승의 체온이 아니어도 우리의 겨울나기는 어려운 일이 아니었다. 가축과 하나의 공간에서 머물 까닭이 없었다. 오히려 우리는 추운 겨울 소가 행여 고생할까, 외양간을 부엌에 바투 붙여지어서 부엌의 열기를 나눈 적은 있었다. 그런 곳의 소들은 겨울이면 부뚜막에서 끓인 따뜻한 소죽을 즐길 수 있었다. 물론 북쪽처럼 아주 추운 지역에서 한겨울이라면 다른 가축, 예를 들어서 당나귀나 닭 정도가 역시 외양간을 차지할 수 있었다. 그러나 이들을 애완동물이라고 할 수는 없다. 뭐 별난 취미도 다 있는 시대니 지금의 눈으로 보면 소를 애완동물로 키우지 말라는 법은 없겠지만, 아직 소를 애완동물로 키운다는 이야기를 듣지 못했다. 그러나 다른 나라는 겨울을 견디기 위해 좀 더 다양한 생명들과 하나의 공간에 살면서 자연스럽게 다양한 애완동물 문화가 형성된 것으로 보인다. 어쩌면, 트럼프가 애완견을 데리고 들어가지 않았다는 것은 이제 백악관도 개 없이도 충분히 따뜻하다는 사실을 확인해주는 것이기도 하다.

연합뉴스 기사에서 눈길을 끄는 부분은 브라질 사람들의 75%와 멕시코 사람들의 80%가 애완동물을 기른다는 내용이다. 춥기는커녕 더워서 견딜 수 없는 곳에서, 왜 동물과 같이 살까? 그들은 왜 우리보다 애완동물에게 더 호의적일까. 애완동물에 대한 거부감이 작기 때문이다. 더운 지방에서는 집의 안팎을 구분하는 것이 우리만큼 엄격하지 않다. 집 안팎에서 모두 신발을 안 신는 문화가 더운 지방의 문화다. 그러다 보니 집 안팎에서의 행동이 결연하게 나뉘지 않는다. 더운 지방에서 가축과 친하게 지낼 수 있었다면, 자연스럽게 이 문화는 집 안으로 이어질 수 있다. 즉 개가 집 안으로 들어오는 데 거부감이 없다는 것이다. 더구나 에어컨 같은 시설이 설치되어 더운 지방에서도 실내 생활이 가능해졌다면, 애완동물 때문에 실내가 더 더워질 까닭도 없으니 친근감을 유지하면서 실내 생활이 가능할 것 같다. 그러나 한국인에게 집은 안팎이 명확하게 나뉜다. 그래서 강아지가 귀엽다고 집 안으로 끌어들이기가 거북하다. 더구나 커다란 성견을 방 안으로 불러들여 같이 산다는 것은 아무래도 우리가 생각하는 편안한 집과 거리가 멀다.

추운 지역에 살면서 애완동물을 키우지 않는 건 좀 특이한 문화다. 중국도 추운 지역이라면, 애완동물을 키웠던 것으로 보인다. 조선시대 사신이 중국에 다녀와 남긴 《연행록》에는 도대체 중국인들은 왜 개를 방에서 키우는지 이해할 수 없다고 투덜거리는 대목이 있다. 우리에게 애완동물을 키우는 문화가 없었다는 것이 확인되는 지점이다.

애완동물에 대한 애정의 뿌리가 다르다°

추운 겨울을 생존을 위해 부둥켜안고 지내던 관계라면, 개에 대한 유럽인의 사랑은 우리와 비할 바가 아니다. 사랑의 뿌리가 다른 셈이다. 그들의 애완동물에 대한 사랑이 생존욕구에서 시작했다면, 한국인의 애완동물에 대한 사랑은 심리적 욕구 충족이 출발점이다. 이를 매슬로우Abraham Maslow의 인간 욕구 5단계 이론으로 보자면, 좀 더 명확해진다. 그에 의하면 인간의 욕구에는 5단계가 있다. 사람은 가장 기초적인 욕구인 생리적 욕구를 첫 단계로 해서 안전에의 욕구, 어디엔가 소속되고 사랑을 받으려는 욕구, 존경을 받고 싶어 하는 욕구, 그리고 자아실현 욕구의 순서로 욕구를 채워 나간다. 이 중 두 번째 안전의 욕구에는 추위 등에서 보호받으려는 욕구가 있는데, 유럽인의 애완동물에 대한 사랑은 이 단계에서 시작한다. 추우면 얼어 죽을 수 있다는 점에서 매슬로우 욕구 1, 2 단계에 애완동물에 대한 사랑이 자리한다. 이에 비해서 한국인은 세 번째 단계인 애정의 욕구에 애완동물에 대한 사랑이 있다고 할 수 있다. 그런데 가끔 애완동물을 때리고 학대하는 것을 보면, 존경을 받고 싶은 4단계 욕구에서 애완동물을 키우는 사람도 있지 않을까 하는 엉뚱한 생각도 든다. 아무튼 서양에서 애완동물이 육체적 필요에서 심리적 필요로 이동했다면, 우리에게 애완동물은 애초에 심리적 필요에서 시작된 것이라는 점에서 다르다. 스토리펀딩에 적지 않은 돈이 모이는 것은 버려진 동물에 대한 애틋함이지, 추운 날 그 개를 안고 자고 싶은 것과는 다른 차원이다.

그렇다면 한국인이 애완동물을 키우는 유행은 어디에서 시작한 것일까? 애초 한국인이 집 안에서 동물과 같이 산다는 건 쉽지 않았다. 하나의 공간을 계속해서 바꾸어 가며 써야 하는데, 거기에 사람이 아닌 또 다른 가족으로 가축까지 있었다면, 생활을 견뎌내기가 쉽지 않았을 것이다. 그리고 실내를 늘 깨끗하게 유지하는 우리 주거문화 자체가 그것을 견딜 수 없었을 것이다. 요즘이야 세제가 좋은 것이 많이 나오지만, 과거에는 사람도 제대로 닦지 못하는 상황이었다. 동물까지 어떻게 닦아서 집 안에서 살 수 있었겠는가. 그러기에 우리 한옥은 너무 작았다. 그러나 애완동물에서 나는 짐승 냄새도 제거하고, 청소할 수 있는 도구가 많이 나와서 실내도 충분히 깨끗이 유지할 수 있게 되면서 애완동물에서 심리적 만족감을 느끼려는 욕구가 생긴 것으로 보인다. 물론 좌식에서 입식으로 바뀐 주거문화 때문이기도 하다.

그러나 우리에게 이미 습성이 되어버린 심리적 경계는 분명히 있는 듯하다. 큰 개를 방 안에 들이는 일은 여전히 우리에게 낯선 일이다. 과거 우리가 개를 사랑하는 방식이 지금처럼 직접적이고 견고하지 않았던 이유는 사람과 가축이 하나의 공간을 이용하지 않고, 완벽하게 구분된 공간에서 사는 방식을 유지했기 때문이다. 그게 연합뉴스 기사에서처럼 애완동물에 대한 선호 수치로 나타난 것이다. 물론 우리와 비교하면 유럽에는 개를 사랑할 수 있는 물적 토대가 확보되어 있었다. 일단 집이 컸다. 그래서 끌어안고 자야 할 때가 아니라면 개와 붙어 있지 않아도 되었다. 그리고 공간을 구분하여 개인적인 취침 공간을 갖는 사람에게 추위와 함께 스킨십을 제공해 주었다. 스킨십은 이미 앞에서 충분히 이야기한 것처럼 매우 중요한 행위다. 개는 사람이 제공해야 할 스킨십까지 주인에게 제공함으로 해서 심리적 안정감까지 전해 주었을 것이다. 아무튼 한국 사람들도 사람 덩치만큼이나 큰 개를 사람만큼이나 깔끔하게 목욕시켜서 차에 태워 다니는 것을 보면 우리 주거문화가 빠르게 서구화되었음을 확인할 수 있다.

우리가 작은 공간에서 사람과 사람의 살정을 익혀나갔다면, 유럽은 넓은 공간에서 사람과의 살정을 만들기보다 가축을 끌어안고 자면서 애완동물과 살정을 더 깊이 해왔다. 그런 점에서 '인간과 개'를 설명하려면, '개와 한국인' '개와 유럽인'을 구분해서 볼 필요가 있다. 그 차이는 매우 크다. 아직도 한국에서는 개를 식용으로 쓸 수 있다는 입장이 적지 않지만, 서양에서는 한국인을 야만인으로 보고 있다. 살정이라는 관점에서 보면 개에 대한 서양인의 사랑은 특별할 수밖에 없다. 최근에는 애완동물을 키우는 인구가 많아지면서, 애완동물을 버리는 사람도 많아지고 있다. 이것이 꼭 우리만의 일은 아니겠지만, 애완동물을 버리는 것은 더 이상 애완동물에게서 심리적 안정감을 얻지 못한 때문일 것이다. 애완동물이 겨울을 견딜 수 있는 화로 역할도 하지 못하는 그러니까 현실적 필요가 아니라 단지 심리적 위로를 받고 싶은 데서 시작한 우리에게 애완동물에 대한 애정은 유효기간이 한정될 수 있다. 서양 사람들에게 개는 살정이 함께한다는 점에서 한국인과는 차원이 다른 애정을 품고 있다. 우리 주변에서 번성하는 애완동물 문화는 인간 간의 살정을 중시하는 우리 문화가 와해되면서, 사람 간의 소통을 대신하기 위해 생긴 문화는 아닐까. 인간관계의 어려움이 만든 아픈 징후 같기도 하다.

9장

예술에 대한 한국인의 태도

한국 건축 역사의 독특함°

　　유럽 여행 중 만나는 중세 도시는 방문객에게 적잖은 감동을 선사한다. 중세 유럽인들의 생활이 시대를 건너와 느껴질 정도로 잘 보존되어 있기 때문이다. 도시의 건축을 주도한 사람들은 당시의 지배계층이다. 그건 한국도 다르지 않다. 현재 남아있는 전통한옥 대부분은 당시 내로라하는 사람들이 살던 집들이다. 건축을 작품으로 남길 수 있는 것은 지배계층의 특권인지도 모르겠다. 세계 어느 곳이든 건축의 역사는 그래서 지배계층의 역사다. 많은 자본이 들어가는 건축을 가난한 민중들이 주도할 수 없다는 것은 불문가지다. 그래서 정치시설이나 종교시설이 아니라도 세상의 모든 건축은 지배계층의 역사다.

　　그런 점에서 한옥의 역사는 색다르다. 한국 건축을 중국 건축의 아류로 볼 정도로 한옥은 중국이나 일본 건축과 비슷하다고 평가 받는다. 목구조를 주로 하는 집으로, 통나무를 다듬어서 기둥을 세우고 보를 얹는 형태다. 이때 나무에 못을 쓰기보다 나무를 암수로 만들어 끼워 넣는 형태다. 그런데 한옥을 건축적으로 살필 때 잊지 말고 꼭 고려할 것이 구들이다. 한옥을 한옥답게 하는 것이 구들이기 때문이다. 이 구들을 주도적으로 발전시킨 세력이 지배계층이 아니라 피지배계층이라는 점에서 한옥의 역사는 세계 건축 역사에서 매우 특이한 자리를 차지한다. 즉 건축 발전의 한 축을 피지배계층이 담당한 것이다. 지금까지 본 것처럼 구들은 단지 난방장치가 아니라, 한국인을 한국인으로 키워온 보모이기도 하다. 마당도 구들 때문에 작아진 집을 보충하기 위해 나타난 것이니, 마당 역시 자신의 출생을 구들에게 빚지고 있다.

고려시대까지 지배계층은 구들을 실생활에 전면적으로 쓰지 않았다. 영주 부석사의 무량수전처럼 나무로 된 건물에서 살았지만, 그 건물에는 구들이 없었고 흙을 구워 만든 돌을 깔거나 마루를 깔고 살았다. 요즘 넉넉한 사람들이 지방에 별장을 짓고 옆에 찜질방을 만들어 쓰듯 구들방을 만들어서 몸이 안 좋은 사람들이 머무는 정도였다. 그래서 대체적으로 고려시대까지 지배계층의 생활이 입식 중심이었다면, 피지배계층의 생활은 좌식 중심이라고 할 것도 없이 그냥 좌식이었다. 입식 생활을 선택하는 순간, 침대 의자 식탁 등 생활에 필요한 가구가 많아진다. 그 많은 가구를 준비할 수 없는 가난한 백성에게 좌식생활은 운명 같은 것이었다. 그래서 조선시대 전기까지 피지배계층과 지배계층의 주거문화는 달랐다. 경제적으로 풍요로운 귀족은 입식생활을, 가난한 양민은 좌식생활을 했다. 주거문화가 좌식이라는 형태로 통일된 것은 조선시대 지배계층이던 양반이 구들을 전면적으로 받아들인 이후였다. 이때가 되면 익공이라는 건축 부재가 나와, 구들을 장착한 한옥을 크게 지을 수 있게 된다. 지배계층이 자신들의 권위도 지키면서도 따뜻한 방에서 살 수 있는 시대가 된 것이다. 시기적으로 제주도를 제외한 전역에 고르게 구들이 퍼진 것은 임진왜란을 겪은 이후인데, 피지배계층의 건축을 지배계층이 전격적으로 수용한 것은 세계 건축사에서 매우 특이한 일이다.

국민의 마음에 새겨진 낙관주의°

이런 특이한 상황은 양민에게 적지 않은 자긍심을 주었을 것으로 보인다. 이는 당시 국제정세와 일견 통하는 부분도 있다. 당시 국제정세를 보면, 만주족이 청나라를 세우고 조선은 굴욕적으로 청나라에 무릎을 꿇었다. 당시 조선 양반들은 겉으로는 고개를 숙였지만, 내심 중화의 적통은 조선이라는 자부심을 품고 있었다. 그러나 그것은 양반들의 착각일 뿐이었다. 국

162

내 상황을 봐도, 임진왜란과 병자호란으로 양반의 무능함이 적나라하게 드러나면서 양인의 눈에조차 양반은 그리 대단하지 않았다. 이런 상황에서 양반은 양민이 쓰던 구들을 전면적으로 채택했고, 양반들 자신은 천한 양인과 같이 방바닥에 앉아 밥을 먹게 된 현실과 마주해야 했다. 유럽인은 아랍인들이 단지 바닥에 앉아서 생활한다는 이유만으로도 그들을 업신여겼다. 의자에 앉아서 굽어보는 것과 바닥에서 앉아서 마주보는 세상은 다르다. 양반의 생활양식이 입식에서 좌식으로 바뀐 것은 세상을 보는 눈을 근본적으로 바꿀 만한 혁명적인 일이었다.

우리 주거문화에서 좌식의 역사는 아주 오래된 것이다. 중국 역사서인《수서隋書》의 동이 편 고려조에는, "풍속에 쪼그리고 앉는 것을 좋아하며, 아비와 아들이 같은 방에서 잔다."고 적고 있다. 이는 좌식생활의 역사가 얼마나 오래되었는지를 확인해준다. 입식과 좌식에 따라 신분을 차별한 내용이《고려도경》(22권 향음 편)에서도 확인된다. 왕과 나라의 관리만이 탁자에서 상을 받고, 나머지는 좌탁에 앉아서 음식을 받는 풍경이 묘사되어 있다. 지위가 높은 사람은 탁자에서 식사를 하고, 지위가 낮은 사람은 좌탁에서 식사를 한 것이다. 이처럼 입식과 좌식은 그 사람의 사회적 지위와 밀접하게 관계있지만, 17세기가 되면서 입식이냐 좌식이냐의 주거문화에 따른 신분차

별은 완전히 사라진다. 세상을 보는 눈의 위치를 바꾼 이 사건은 백성에게는 혁명적 사건이었다. 적어도 주거문화에서만큼은 양반과 상놈이 없어진 것이다.

이제 백성은 더 이상 양민과 노비에 머물지 않고, 스스로 양반이 되기 위한 신분 세탁을 전개하기 시작했다. 종국에는 양반이 백성의 반을 넘기는 사태로까지 이어지는 계급혁명이 일어난다. 예학이 조선 성리학의 중심 화두가 된 데에는 사회의 근간을 흔들 수 있는 이런 변화가 있었다고 볼 수 있다. 유난히 중산층 의식이 강한 한국인의 심성은 이런 역사적 맥락에서 형성되었다. 이 시기 일어난 주거문화에서의 혁명은 이후 한국문화에 큰 흔적을 남긴다. 시쳇말로 아랫것들의 문화가 지배계층의 문화를 누르고 주류가 된 것이다. 한국인의 독특한 평등의식과 낙관주의는 여기에서 출발한다. 지금 당장 힘들고 별 볼일 없는 삶이지만, 앞으로는 더 나아질 것이라는 믿음, 내 자식은 나보다 더 나아질 것이라는 믿음이 한국인 각자의 마음에 새겨지기 시작했다.

한국인의 미적 감수성°

조선시대 대표적인 예술작품인 막사발이나 달항아리에서 느껴지는 느낌은 단정하게 규율에 맞추어 살기 좋아하는 지배계층의 정서와 다르다. 지배계층은 대체로 관념적인 개념을 선호한다. 충忠이라든지 인仁이라든지. 그러나 달항아리나 막사발에서는 도무지 그런 관념을 만날 수 없다. 관념이 추구하는 단정함은 눈을 씻고 찾아봐도 없다. 그렇다고 그런 특징이 민중예술에만 있는 것은 아니다. 당시 지배계층 문화를 선두에서 이끈 추사의 글씨를 보아도 명확하게 드러난다. 추사의 글씨는 기존의 보편적 글씨체와 많이 다르다. 그래서 추사의 글씨를 이해하려면, 당시 민중문화를 보아야 한다.

물론 추사체가 민중예술에 터 잡고 있다는 말이 낯설 수 있다. 그래서 이 낯섦을 털어버리려면, 한국인이 아름다움을 받아들이는 태도를 먼저 살펴볼 필요가 있다. 따지자면 아름다움을 살피는 일은 미학의 영역인데, 굳이 디자인과 예술을 구분하자면 미학은 예술의 영역에서 주로 논의되었다. 그리고 디자인이 전문화되기 시작하면서 예술미학이 디자인에서도 응용되었다. 그런데 디자인과 예술 어느 것이 세상에 먼저 나왔을까를 생각해볼 필요가 있다. 많은 사람들이 예술이 먼저 태어났고, 디자인이 그 뒤를 이었다고 생각한다. 그 이유는 디자인을 산업혁명이나 대량생산과 연계해서 생각하기 때문이다. 그래서 디자인을 근대의 산물로 보는 경우가 많은데, 이는 오해다. 디자인은 도구를 제작하는 과정이다. 도구가 생존을 위한 필요를 제공하는 것이라면, 자연의 모든 생명은 도구를 디자인하면서 살아간다. 다만, 인간과 자연이 디자인하는 방법에서 차이가 날 뿐이다. 인간이 자기 몸 밖의 자연을 디자인한다면, 다른 생명은 자신의 몸을 디자인한다. 말이 추상적이니 예를 들면, 가재나 랍스터는 손을 가위로 만들어 쓰지만 인간은 가위를 만들어 손으로 쓴다. 사람들은 디자인을 인간의 독창적인 영역이라고 생각하지만, 사실 디자인은 살아 있는 모든 생명체들의 능력이다. 애초에 디자인은 자연의 영역이었고, 예술은 이 디자인 세계에서 차후에 인간에 의해서 분리된 것이다. 말하자면 인간의 관념화 능력이 디자인에서 예술을 분리시킨 것이다. 그래서 예술보다 디자인에 더 본원적인 가치가 있다. 필자가 기를 쓰고 디자인과 예술을 구분하는 이유는, 한국인의 미적 감수성을 확인하려면 예술보다 디자인으로 접근하는 것이 빠르기 때문이다.

예술과 달리 디자인은 사람을 구속한다. 한옥에 사는 사람은 한옥이 허용하는 범위 내에서 행동할 수밖에 없다. 거미가 거미줄을 치고 사는 한 거미는 그 거미줄을 벗어날 수 없는 것과 같다. 말하자면, 한국인이 자신의 의지를 관철시켜서 좌식생활을 한 것이 아니라, 한옥의 디자인이 한국인에게 강요한 결과가 좌식생활이다. 예술은 사람을 직접적으로 구속하지 않는다는 점에

166

서 디자인과 다르다. 물론 예술작품도 누군가에게 감동을 주어 그 사람을 변화시킬 수 있지만, 디자인이 인간의 육체를 직접 구속하는 것과 다르다. 여기에서 디자인은 예술과 또 한 번 갈라진다. 애초 디자이너는 미학에 크게 관심이 없었다. 디자인은 도구를 만드는 과정이기 때문이다. 그러나 여러 가지 차이에도 불구하고 최근에는 디자인과 예술이 매우 가까운 자리에 있다. 휴대전화 같은 도구를 만든 사람들이 상품을 더 많이 팔기 위해 노력하면서 소비자의 취향과 미적 가치를 탐색하기 시작했다. 그러다 보니 디자인을 재산으로 여기게 되었고, 독창성을 강조하면서 미적인 가치를 생각하게 되었다. 그리하여 요즘 디자인은 미학에 관심이 많다.

예술? 표창원 사건은 반복된다

한옥에서 가장 아름다운 부분을 꼽으라면, 십중팔구 지붕선을 꼽는다. 그리고 지붕선이 아름다운 까닭을 물으면, 대개 지붕선이 '뒷산을 닮아서'라고 대답한다. 이는 서양미학에 익숙한 지식인에 의해 유포된 것으로, '예술은 모방'이라는 서양의 고전미학 논리를 한옥에 적용하면서 나온 해프닝이다. 시각적이고 인식론적인 서양미학을 그대로 대입한 것이다. 실제 목수들은 지붕선을 굳이 뒷산을 닮게 만들지 않는다. 학자가 목수에게 지붕선을 잡는 방법을 좀 물어보기라도 했으면 좋았을 텐데. 어쩌다 보니 우리 미학이 일본강제 점령 기간 동안 사라지고, 우리 예술작품과 디자인을 서양미학을 통해 설명하는 처지가 되었다.

서양미학에서 모방이 예술이 된 경위는 이렇다. 철학자 플라톤은 눈에 안 보이는 진짜세계(이데아)와 조물주가 진짜세계를 보고 만든 (우리가 사는) 가짜 세계가 있다는 다소 엉뚱한 주장을 내놓았다. 예술은 모방이라는 전통은 여기서 시작했다. 나무라는 이데아를 보고 조물주가 나무를 만들면, 그림(예술)은 결국 그 나무를 모방한 것이다. 무언가를 베끼는 모방에 터 잡고 있는 서양예술은 시각적일 수밖에 없는데, 문제는 이데아가 '진짜'이기 때문에 서양에서 예술은 늘 '진리'와 관계된다. 이런 전통은 뿌리 깊어서 현대미학에서도 예술은 가상을 통해 '진리'를 드러내는 것이라는 주장이 통용된다.

이미 눈치 챘겠지만 우리 예술은 서양의 예술과 많이 다르다. 서양예술과 우리 예술의 차이는 엉뚱하게 사회문제로 터져 나올 수도 있다. 마네의 올랭피아를 패러디한 작품 〈더러운 잠〉(이구영 작)은 그런 예다. 서양 사람들처럼 예술을 진리 인식의 도구로 받아들이면, 이 작품은 전혀 문제될 것이 없다. 진리를 단지 참과 거짓으로 받아들인다면, 이 작품이 예술인지 아닌지의 구분은 작품을 통해서 세월호 사건 당시의 진리를 알 수 있는가에 맞추면 되기 때문이다. 그런데 엉뚱하게 그 작품 때문에 표창원 의원이 징계를 받고, 그 이후 표창원에게 불만을 품은 사람들이 표창원 부부의 얼굴을 포르노 사진에 합성하여 만든 그림을 현수막으로 거는 사건이 터졌다. 결국 표창원 의원 측에서는 자신과 아내를 모욕하는 현수막을 건 사람들을 고소까지 하는 사태로까지 번졌다. 상황이 이렇게 악화된 이유는 두 가지다.

먼저 예술에 대한 한국인의 태도가 유럽인과 다르기 때문이다. 그 차이를 인정하지 않으면, 이런 일은 반복될 수밖에 없다. 서양에서 예술은 명백히 이성의 영역에 뿌리를 두고 있지만, 우리에게 예술은 내 삶의 영역 속에서 감성적 대상으로 작용한다. 앞에서 반복해서 보았지만, 한국인에게는 촉각적 감성이 발달해 있다. 즉 내가 예술작품을 주변의 흐름에서 딱 떼어내서 그것만을 시각적이고 논리적으로 인식하기보다는 작품이 나와 같이 호흡해야 한다. 마치 집을 자연의 흐름에 놓고 보듯 예술작품 역시 그렇게 흐름 속에서 본다. 때문에 전형적인 정치 공간에 〈더러운 잠〉을 전시한 것이 국민 감성에 맞지 않을 수 있다. 한국인의 이런 예술적 태도는 오랜 기간 반복되면서 내면화된 심리여서 쉽게 바뀔 수 없다. 습성이기 때문이다. 사태가 악화된 두 번째 이유는 세상의 모든 예술을 인식론적인 서양미학으로 재단하려는 우리

미학자들의 무책임이다. 한국인이면서 한국인의 예술세계나 정서에 대해서는 관심도 흥미도 없다.

표창원 부부를 그린 현수막이 표창원 의원 부부를 의도적으로 모욕하려는 것이기 때문에 죄가 된다는 주장이 있다.(사진을 확인하니 악의적이고 저열하기는 하다. 그럼 더러운 잠이라는 작품에는 대통령을 모욕하려는 의도가 정말 없었는가?) 그러나 이 사건의 근본적인 문제는 예술에 대한 태도다. 서양미학으로만 접근하면, 현수막에 그린 그림과 〈더러운 잠〉 둘 중 하나만 예술이라고 주장할 근거가 없다. 그 그림을 통해 드러내려는 진리나 진실이 있기 때문이다. 결국 내가 누구 편에 서는가 하는 문제만 남는다. 애초에 예술의 개념이나 범주가 확정될 수 없기 때문에, 〈더러운 잠〉은 예술가가 한 것이어서 예술작품이고 현수막의 그림은 예술가가 그린 것이 아니어서 예술이 아니라는 엉성한 주장으로 끝내야 한다. 그러나 여기에도 예술가를 누가 지정하는가의 문제가 남는다. 또 현수막에 프린트한 것이어서 예술이 될 수 없다는 주장도 소위 팝 아트를 인정하는 한 힘을 잃는다. 재판을 맡은 판사만 곤란해지는 상황이다.

디자인에서 시작한 우리 미학°

　　　결국 작품 〈더러운 잠〉의 문제는 예술의 문제만이 아니라 지역의 문제를 포함해야 해결된다. 여기가 미국이 아니라 한국이라는 사실. 예술은 유럽과 미국이 정하는 것이 아니라, 한국에서는 한국인이 생각하는 예술을 인정할 필요가 있다. 이를 인정해야만 이런 문제가 반복되지 않는다. 우리 시대 우리 미학자들을 보고 있으면 그 옛날 피타고라스학파의 학자들을 보고 있는 것 같다. 가장 아름다운 비례인 황금비율은 피타고라스학파에 의해 주장되었다. 그들은 유리수만이 아름답다고 맹신했기 때문에, 이미 무리수의 존재를 알고 있었지만 이를 감추려고 했다. 그래서 이를 세상에 알린 동료 히파푸스까지 죽였다. 그러나 그들은 자신들이 가장 아름답다고 칭송한 황금비율($\sqrt{5}+1$)/2에 숨어있는 무리수까지 제거하진 못했다.

　서양미학이 미학의 전부는 아니다. 오히려 혼란에 빠진 현대예술에 우리 미학이 황금비율 속의 무리수가 될 수도 있다. 더구나 우리 시대에는 가상현실이나 증강현실이 실현되면서, 예술에서도 촉각적 담론이 강화되고 있다. 이는 우리 예술을 통하지 않으면 들어갈 수 없는 영역이다. 건축예술을 보면, 흙과 나무를 써서 짓는 한옥은 시각적으로 완전한 이미지를 쫓기보다 대상에서 느끼는 촉각적 안온함을 추구했다. 반면 돌과 시멘트를 사용하는 서양의 주류건축은 차가운 돌과 시멘트를 노출시켜 질감을 느끼기보다, 거기에 그림을 그려 넣고 조각을 해서 시각적 만족을 추구했다. 우리 예술이 감성적이며 촉각적이라면 서양 예술은 이성적이고 시각적이다. 지붕선을 뒷산에 맞추어 시각적으로 모방하기보다 주변의 마을이나 산천의 흐름에 지붕선이 잘 어우러지도록 자연의 촉각적 흐름에 맞추었다. 자연의 질감이 풍부한 막사발과 추사의 글씨가 나올 수 있었던 배경이다. 추사의 글씨는 사실 매우 촉각적이다. 추사체는 기름기가 빠진 육포를 보는 느낌이다. 여기에서 귀족들의 특징인 추상적 관념을 찾아내기는 쉽지 않다. 추사가 죽기 며칠 전 썼다는 글씨 板殿(판전)에서 물성은 마치 생나무를 보는 듯 강렬하다. 이게 우리 민족의 예술성이라고 할 수 있다. 굳이 예술을 진리와의 관계에서 말해야 한다면, 우리는 인식론적 진리가 아니라 존재론적 진리에 가깝다. 즉 우리 예술에서 진리는 사물의 실상實相이다. 사물로 존재하는 사물 자체가 우리에게는 진리가 될 수 있다. 그 진리를 해석하는 방법이 사람마다 다를 수 있을 것이다. 이런 태도는 예술에서 인식론적 참과 거짓을 분별하고 판단하는 서양미학과는 근본적으로 다르다. 추사가 임종 직전에 쓴 글씨 板殿(판전)을 들여다보면서 며칠 밤을 새운다 한들 어떤 관념적 해석도 가능해보이지 않는다. 판전에서는 유일하고 객관적 진리를 직접 인식할 방법이 없다.

우리 예술작품을 서양미학으로 설명할 수 없는 이유는 우리 미학이 디자인에서 출발하기 때문이다. 서양의 디자인 미학이 예술에서 미학을 빌려오는 상황과 완전히 반대다. 특히 서양예술에서 고전미학은 오늘날 디자인의 중요한 미학적 토대가 되고 있다. 서양예술은 피타고라스와 플라톤 아리스토텔레스 플로티노스로 이어지는 일련의 철학적 사유과정을 통해서 미학 개념을 만들어왔다. 그래서 서양에서 미학의 흐름은 철학에서 예술로 다시 디자인의 순으로 발전해 왔다. 예를 들어서 서양에서 건축은 비례라는 예술미학에 의지해서 건축된다. 그래서 다 지은 건물의 예술성은 비례미를 통해서 평가된다. 그러나 한옥을 지을 때는 비례를 적용하여 지을 수 없다. 한옥에서 지붕선을 만드는 미학은 비례를 통해서 나오지 않기 때문이다. 한옥의 지붕선은 주변의 자연적 흐름 속에서 최적의 기울기를 뽑아내는 것이다. 이는 아주 촉각적인 행위다. 그래서 한옥을 볼 때는 단순한 비례로 보면 안 된다. 이는 우리 미학이 디자인에서 예술의 순서로 발달했기 때문이다. 즉 디자인 미학이 예술미학으로 확장된 것이다.

우리 옷의 자연주의°

디자인에서 의상 디자인을 빼놓을 수는 없다. 그래서 의상 디자인에 대해 추가하자면, 한국인의 옷은 비교적 널찍하다. 인위적으로 꼭꼭 끼는 옷들을 그리 좋아하지 않았다. 서양에서 들어온 옷들이 몸에 꼭 끼이는 것과 비교된다. 서양 옷은 신사들이 입는 양복에서 여인들이 입는 드레스까지 사람들의 신체 골격을 유지하려고 한다. 여유 없는 옷들이 많다. 그리고 옷감은 원색인 경우가 많아 조선의 옷과 다르다. 이런 현상은 예술에 대한 태도의 차이를 보여준다. 몸매를 드러내 보여주고 강조하는 서양의 옷에서는 인체의 아름다움을 드러내려는 의도가 엿보인다. 즉 인체의 비례미를 보여주려는 의도가 숨어 있다. 그래서 그들의 옷과 건축문화가 그들의 고전미학에 충실했다면, 한국인의 옷과 건축은 주변과의 흐름에 무게 중심을 둔다. 육선을 살리기보다 주변과 잘 어우러지게 만든 옷은, 마치 한옥의 지붕선을 만들 때 자연의 흐름에 맞추듯 지어진다. 이는 옷에 들어간 우리의 자연주의라고 할 수 있다. 의복에 숨은 주거문화의 영향을 좀 더 구체적으로 기술하면, 한옥의 공간은 확정적이지 않고 생활 속에서 흐름으로 존재한다. 공간의 용도가 엄격하게 정해지지 않기 때문에, 한옥의 공간에는 늘 여백이 있다. 이 여백이 한복에서도 확인된

174

다. 다만 신윤복의 그림에서 육선을 드러내는 여인의 저 고리가 보인다. 이를 설명하는 방법은 다양하겠지만, 동시대의 김홍도의 그림에서 확인된 서양의 영향이 의복에도 나타났다는 생각을 해볼 만하다. 정조 연간이면 이미 국제적인 흐름 속에서 우리 문화가 움직이기 시작했다고 볼 수 있다.

우리는 정말 유행에 민감할까?

> 어느 날 재래시장에 나가보니 갑자기 시장 아주머니들이 모두 같은 파마머리를 하고 있었다. 모든 아주머니의 머리 모양이 둥글둥글 양처럼 보여 (…)

한국일보(2016년 8월 19일)에 실린 '한국은 유행의 나라'라는 글을 읽다 이 부분에서 빵 터졌다. 아마 필자가 그 재래시장에 있었다면, 신이 나서 나도 파마를 하겠다고 미용실을 찾아 나섰을지 모르겠다. 그런데 안타깝게도 칼럼을 쓴 분은 그렇지 않았던 모양이다. 유행을 쫓는 한국인에 쓴소리를 담았다. 한편 맞는 말 같기도 하지만, 글쓴이의 주장에 불과한 건 아닌가 하는 생각도 든다. 왜냐하면 각 나라마다 습성에는 차이가 날 수밖에 없다. 지금까지 누차 말했지만, 한국인은 다른 사람들과의 흐름을 중시한다. 그래서 보기에 따라선 따라쟁이로 보이기도 한다. 이는 우리 예술이 디자인에 뿌리를 두고 있기 때문이기도 하다. 디자인에서 반복은 매우 중요한 특성이다. 그나저나 한국인이 유행에 민감하다는 평가는 어제 오늘의 이야기가 아니다. 한국인이 유행을 따르는 이유는 그를 통해서 마음의 안정을 얻기 때문이다. 이것은 흐름이라는 촉각적 감성과 한솥밥 문화가 만든 문화적 본능 때문이다.

예술이라는 잣대로 유행을 평가해서 한국인의 예술성은 한참 모자란다는 식으로 접근하는 이도 있다. 여기에도 오해가 발생할 만한 지점이 있다. 즉 우리는 디자인이 주는 감성적 만족감을 통해서 미적 만족을 느낀다. 막사발 같은 것이 그런 것인데, 우리는 막사발을 보면서 심미적 평안함을 느낀다. 우리는 이런 막사발을 유행처럼 쓸 수도 있다. 이때 느끼는 예술적 공감은 비례나 모방과 아무런 관계가 없다. 이렇게 되면 한국인의 예술세계가 서양인의 예술세계와 일치하기가 어렵다.

좀 더 솔직하게 말하면, 예술에서도 유행은 흔한 현상이다. 미술역사에서는 각종 유파가 나타났다 사라지는데, 이런 미술유파도 결국 유행을 전제한 것이다. 피카소 그림이 공전의 히트를 칠 수 있었던 것도 그 시대의 유행이 있어 가능했다. 독일의 미술사가 빌헬름 보링거에 따르면, 풍요로운 자연에서 사는 사람은 척박한 지역에 사는 사람보다 감정이입 능력이 더 크다. 그의 말대로라면, 우리나라 사람들의 놀라운 감정이입 능력은 넉넉한 자연 때문이었다. 거기에 겨울을 따뜻하게 만드는 기술까지. 실제 한국인에게 예술과 디자인 감정은 촉각적인 감정, 즉 감정이입 통해서 진행된다. 〈더러운 잠〉이 문제가 되는 까닭이다. 유럽인의 예술보다 한국인의 예술은 훨씬 실존적이고 그래서 존재론적이다. 척박한 환경에서 끊임없이 외부와의 전쟁을 통해 살아온 유럽인의 내적 불안이 외부 세계를 어떻게 인식할까에 천착하게 했다면, 우리는 달랐다. 독특한 한솥밥 문화가 서로의 분위기를 중시하면서 유행에 좀 더 큰 가치를 둘 수 있었다. 이런 감정이입을 유행이라 하든 예술이라 하든, 덕분에 우리 삶은 풍요로웠다. 한국인의 미적 감수성이 추상적 가치가 아니라 실재적 대상인 디자인에서 출발한다는 점에서 예술과 유행을 결연하게 나눌 의미조차 우리에게는 적다. 그래서 막사발이 우리에게는 예술작품이 될 수도 있고 그릇이라는 디자인도 될 수 있다. 헤겔은 예술이 과거보다 가치 없게 되었다며, 그 근거로 '예술을 사람이 직접 즐기기보다 학문의 대상으로 삼게' 된 점을 들었다. 한국인에게 예술은 대상이 아니라 그 안에서 직접 향유하는, 펄펄 살아 있는 무엇이다. 한국인은 그런 점에서 정말 예술적이다.

10장

한국인은 왜 거짓말을 잘할까?

배경을 통해 인식하기

한국인은 개인을 호칭할 때, 개인의 이름을 부르기보다 그 사람의 배경을 확인하는 경우가 많다. 개똥이 엄마, 서울대 학생, 청와대 행정관 이런 식이다. 이는 한국인이 특정 개인을 인식할 때 그 사람의 배경을 통해서 인식한다는 의미다. 개인적으로 친구의 배우자나 후배의 배우자 이름을 모르는 경우가 여럿 있다. 애 엄마, 애 아빠라고 소개 받는 경우가 많아서다. 단순히 소개하고 인사하는 경우만 배경을 확인하는 것은 아니다. 그 사람이 무언가를 잘못했을 때도 그 사람의 배경을 비난할 때가 있다. 어느 집안이라든지. 전라도라든지. 경상도라든지.

핵가족이 되고, 아이를 많이 낳지 않으면서 아이에 대한 투자는 점점 많아지고 있다. 그러다 보니, 가정생활이 아이를 중심으로 돌아가는 경우도 많다. 그래서 자녀의 친구나 학교를 통해서 어머니의 모임이 만들어지는 경우가 적지 않다. 이때 자식의 성적이 어머니의 배경으로 작용한다. 즉 전교 일등인 학생의 어머니는 주변에서 다른 학생 어머니들의 부러움을 한 몸에 받고, 대접도 받는다. 아무리 생각해도 특이한 이런 현상은 한국인에게 남아 있는 한솥밥 문화다. 그러니까 아이들이 귀해지면서 아이를 매개로 한솥밥이 만들어진 것이다. 여기서 어머니들은 배경을 통해 존재한다. 누구의 어머니.

배경을 통해 무언가를 인식하려는 것은 한국인의 독특한 심리다. 이 독특한 심리를 건축을 통해서 확인하면 명쾌해진다. 한국인은 전통적으로 특정 건물을 볼 때 그 건물만을 보는 것이 아니라, 그 건물 주변을 같이 본다. 그러니까 앞에 건물이 있고, 그 뒤로 산이 있으면 건물과 산을 동시에 본다. 이는 한옥의 독특한 건축 개념 때문이다. 보통 건축이라고 하면 건물을 의미한다. 성당이라면 당연히 성당 건물을 의미한다. 다른 나라에서 건축은 건물이다. 우리가 어떤 건축물에 비례미가 있다 없다 이야기하는 것도 건축이 건물만을 의미하기 때문에 가능하다. 그런데 한국의 건축은 비례로 접근할 수 없다. 한국 건축에서는 마당도 건축이기 때문이다. 그래서 지붕선을 잡을 때 건물과 지붕선이 어울리는지 본 후에는, 마당과 지붕이 어울리는지 봐야 하는데, 이때 시선은 건물과 함께 건물 주변의 흐름을 동시에 볼 수밖에 없다. 전경(앞에 있는 건물)과 후경(뒤에 있는 자연 배경)을 한꺼번에 볼 수밖에 없다. 즉 건물을 배경을 통해서 봐야 한다. 이런 행위가 반복되면서 한국인에게 배경을 통해서 대상을 인식하는 독특한 심성이 만들어졌다.

이는 건물 내부의 생활에서도 마찬가지로 일어난다. 실내 생활에서 공간의 쓰임이 자꾸 바뀌는 전이생활을 기반으로 하기 때문에 현재 상황은 전체 흐름 속에서 인식된다. 밥을 먹는 지금 밥상이 벽에서 1m 떨어진 자리에 있다고 해서, 그 밥상이 늘 그 자리에 있는 것이 아니다. 밥상을 놓는 자리에 무언가 있다면 비켜서 놔야 한다. 즉 전체공간을 배경으로 하여 놓는다. 이런 생활은 우리가 구체적인 대상과 함께 배경에 관심을 갖는 심리를 만들었다. 물질문명 즉 의식주의 반복된 행동이 사람의 무의식을 만들 수 있다는 것이 역사학자 페르낭 브로델의 의견이다. 아무튼 배경을 통해 개인을 인식하는 한국인의 독특한 인식방법이 한국인을 집단주의로 오해하게 만든 요소 중 하나다. 지금도 생활에서 배경을 통해 상대방을 인식하는 심리는 반복되고 있다. 사람을 호칭할 때 이름을 부르면 그 사람이 특정되어서 좋다. 이름이 제 구실을 하는 셈이다. 그런데 그 사람의 이름을 부르기보다 그 사람의 직위와 직책을 부르게 된다. 그래서 만날 때마다 호칭이 달라진다. 김 대리에서 김 과장으로 김 과장에서 김 차장으로. 이렇게 불러주지 않고 이름을 부르면 싫어하는 사람들이 아직도 많다. 한국에는 호칭문화가 어떤 나라보다 발달했는데, 배경을 통한 인식이라는 점이 작용한 것이다.

에둘러 말하기°

　　한국 사회를 집단주의로 이해하는 이유 중 하나는 한국인의 생활이 상황 중심적이기 때문이다. 그러니까 "거시가 거시기 가서 거시기 가져와!"라는 어머니의 말을 알아듣고, 방 안에 있던 세 형제 중 한 명이 일어나서 심부름을 하는 경우가 있다. 이때 한국인은 어머니가 어디에서 언제 이런 말을 하면, 그것은 어머니가 몇 번째 아들에게 뭘 가져오라고 하는지 상황의 흐름 속에서 알게 된다. 이를 생활의 흐름이라고 하면 우리는 흐름에 매우 익숙한 사람이다. 이는 앞에서 말한 전이문화와 긴밀하게 이어져 있다. 생활 자체가 고정되어 있지 않고 흐름 속에 있다. 생활공간이던 구들방은 시간의 흐름에 따라서 움직이는 액체화된 공간이다. 그러니까 아침이 되면 가족 모두 일어나서 이불을 개야 한다. 그렇지 않으면 식사를 할 수 없기 때문이다. 식사가 끝나면 그 공간에서는 다른 상황이 벌어진다. 우리 주거문화는 흐름 속에 이루어지는 사건의 연속이다. 흐름을 놓치면 가족의 생활 전체가 방해를 받는다.

　　상대방에게 요구할 것이 있다면, 말로 정확하게 말하면 의사소통이 가장 쉽다. 그러나 한국 사람들은 직설적으로 자신의 요구를 말하기보다 에둘러 이야기하는데 능숙하다. 그래서 현장 상황(흐름)을 이해하지 못하면, 도저히 이해할 수 없는 말이나 행동이 있다. 예를 들어서 시어머니에게 불만이 있는 며느리가 공연히 아들의 잘잘못을 따져 혼내거나 툇마루 아래서 졸고 있는 개를 발로 찬다. 아이에게 던진 말이나 걷어차인 개가 지르는 비명소리를 통해서 시어머니에게 불만을 전하는 식이다. 뒷짐을 진 상사와 물건을 잔뜩 든 부하직원이 길을 가다가 상사가 걷는 속도를 높이며 부하 직원에게 "무거운가? 내가 좀 들어줄까?" 물었을 때, "예 들어주십시오." 라고 대답한다면 이 직원은 출세하기 어렵다. 상사의 말은 아마도 '빨리 쫓아와라.'는 정도로 이해하면 된다. 이런 식으로 우리는 언어 자체를 전체적인 흐름에 놓고 보아야 하는데, 이런 능력이 떨어지면 주변과 소통에 어려움이 생긴다. 말하자면 앞에서 시어머니 때문에 아이를 나무라는데 남편이 아이가 무슨 잘못이냐고 시비를 걸면 부부싸움으로 번지게 된다. 이는 흰 거짓말과는 좀 다른 것으로, 안팎의 다른 마음이 상황중심의 언어로 나타난 것이라고 할 수 있다. 이건 흐름을 파악하는 것이고, 이 흐름은 우리 건축에서 하나의 배경으로 이해된다는 점에서 여전히 배경을 통해 사물을 인식하는 심리가 나타난다.

우리는 왜 거짓말에 관대할까?°

한국인은 자기 거짓말은 물론이고 타인의 거짓말에도 관대하다. 이는 겉과 속이 다른 한국인의 특징이다. 다른 나라에는 없는 한국인만의 특이한 상황인데, 거짓말은 안과 밖의 차이를 조정하는 구실을 한다. 좀 더 구체적으로 보자면, 한국인은 하나의 공간을 다른 공간으로 바꾸는 것을 칼로 무 베듯 할 수 없다. 공간을 바꾸는 데, 일정 부분 시차가 생길 수밖에 없다. 밖에서 사람이 급하게 찾아왔을 때 내부 공간을 급하게 거실로 변화시켜야 하는데, 이 시차를 메우는 것이 거짓말이다. "애들이 몰려와서 난리를 펴놨어. 잠깐만 기다려!" 이런 식이다. 일상화된 이런 생활이 타인의 거짓말에 관대한 심성을 만들었다. 약속 시간에 늦은 친구가 "차가 조금 밀려서." 변명을 하면, 우리는 그에게 "어디에서 어떻게 밀렸는데?" 묻지 않는다. 차가 밀려서 늦었다는데, 꼬치꼬치 캐물으면 실례가 된다. 서로가 인정하는 여백이 있는 셈이다. 그걸 한국인은 거짓말로 채우는 것이다.

거짓말이 일상적이다 보니 한국인은 상대방의 이야기를 곧이곧대로 듣지 않는다. 곧이곧대로 들으면 바보가 될 수도 있다. 그래서 대화가 진행되는 상황을 파악하고 전체적인 흐름을 봐야 한다. 그리고 그 상황에서 눈치껏 판단해야 한다. 이때 자잘한 거짓말이 서로의 인격에 상처를 줄 만큼 크게 문제되지 않는다. 거짓말을 부추기는 또 하나의 행동 패턴은 동시에 두 가지 일을 하는 행위양식이다. 두 가지 일을 하는 행위가 전이문화와 겹치면서, 우리는 불가피하게 빨리빨리 문화를 낳았는데, 이것이 거짓말을 할 수밖에 없는 심성을 만든다. 몇 가지 일을 하는데, 누군가 무엇을 하냐고 물으면 그걸 일일이 다 대답해줄 수 없다. 누군가 무엇을 하냐고 물었을 때, "응 지금 무슨 일을 하냐하면, 아궁이에 불을 넣으면서 밥을 하면서 물을 끓이고 애를 어르면서… 나물 무쳐!" 이 많은 것을 대답하기가 쉽지 않다. 그래서 적당히 뭉칠 수밖에 없다.

그런데 최근 한국인의 거짓말 문화가 위기를 맞았다. 한국 사회가 자본주의로 이행되었기 때문이다. 생활의 활력소이던 거짓말이 경제적 이익과 부딪히면서, 악의 없는 거짓말에 적극적으로 반격하고, 어느새 거짓말 자체도 적극적이고 악의적인 거짓말로 변하기 시작했다. 도시의 익명성 역시 적극적으로 거짓말을 조장한다. 일상적으로 거짓말을 하는 한국인의 생활이 대도시의 익명성과 함께 돈벌이 문화와 화학반응을 일으키면서 한국인에게는 치명적인 단점이 되고 말았다. 사실 적당한 거짓말은 한국인에게 전혀 나쁜 것이 아니었다. 그런데, 현대사회에서는 거짓말을 하면, 정직하지 않다고 몰아붙여 나쁜 의도가 없어도 문제가 될 수 있다는 점에서

185

현대 한국인은 이래저래 스트레스를 받는다.

도시의 익명성은 배경을 통해 개인을 파악하는 한국인의 문화에 맞지 않다. 과거에는 먼 길을 떠나도 마을 이름이라는 배경을 통해 나를 인지하게 했고, 나는 내 배경의 흐름을 거스르지 않기 위해 조심해야 했다. 그러나 도시의 익명성 속에서 사람의 배경은 완전히 사라지고 거짓말만 남게 된 것이다. 과거에는 자신의 배경 위에서 거짓말을 했기 때문에, 상대방이 크게 당할 거짓말이 많지 않았다. 왜냐하면 그 사람의 말을 그 사람이 두르고 있는 배경에 두고, 상황에 따라 판단하면 되기 때문이다. 누구 집안이고 어느 마을 사람인지 아는데, 큰 사기를 치기도 힘들었다. 과거 우리가 사람 이름보다 성을 많이 부른 것도 그런 흐름에서다. 그런데 이제는 상대방을 파악할 배경이 익명 속에 숨으면서 거짓말은 순수하게 거짓으로 남았다. 한국인이 사기를 잘 당한다고 하는데, 이도 그럴 만한 이유가 있다. 한국인은 계약을 통해 어떤 일을 하기보다, 그 일이 이루어지는 상황과 흐름을 통해서 일을 했다. 그래서 역설적으로 상황을 잘 갖추어 놓고, 속이면 잘 속을 수밖에 없다. 합리적인 의심 능력이 부족한 셈이다.

죄인을 국회의원으로 뽑는 이유°

우리는 힘 있는 사람의 잘못에 의외로 너그럽다. 이는 한솥밥에게 너그러운 감정과 유사하다. 힘 있는 사람이 검찰에 가거나 법정에 서면 사람들이 흔히 하는 말은 이런 것이다. 큰일을 하다보면 그럴 수도 있지. 주변 사람들 때문에 그리 된 거 아닌가. 그 사람이야 순해서 당한 것밖에 뭐가 있어. 이런 경우 한솥밥 정서가 작용하는 경우가 많다. 같은 지역 사람이라든가. 우리 지역 국회의원이라든지 우리 지역 출신 국무총리라든지. 이는 권력자와 자신을 동일시하는 현상이다. 자신을 그와 같은 부류로 상정하고 그를 통해서 세상을 인식한다. 이런 식의 사유방법이 타인만을 향하면, 차라리 문제가 덜 될 수도 있을 것 같다. 이런 변명성 사유는 대개의 경우 자신의 잘못을 합리화할 때 동원하는 방법이기도 하다. 부모를 잘못 만나서. 가난해서. 친구를 잘못 사귀어서. 이는 또 가까운 지인을 위로하는 방법이기도 하다. 모든 것이 가난 때문이야. 술주정뱅이 아버지 때문이야. 이런 식으로 한솥밥의 범주에 든 사람들을 이해하려 한다. 그건 한솥밥이 생활공동체라는 점에서 의미가 있다.

어떤 경우에는 자기가 잘못한 것이 흐름 속에서 일어난 것이기 때문에, 소위 관행이기 때문에 자신은 잘못한 것이 없다고 이야기한다. 실제 우리는 우리 자신을 흐름 속에서 놓고 본다. 그래서 흐름이 바뀌었다면, 그것의 옳고 그름을 떠나서 나도 바뀌어야 한다. 삼성그룹의 이건희 회장이 마누라와 자식 빼고 다 바꾸라고 한 말은 한국인의 정서를 잘 보여주는 말이다. 한국인에게 흐름은 가치와 무관하다. 때문에 흐름에는 선악이 없다. 흐름을 바꾸다 보면, 범죄를 저지를 수도 있다. 그런 허물 정도는 크게 문제되지 않는다. 가족의 소중함이 강조되는 시대이기 때문에 마누라를 빼고 바꾸라고 했지만, 잘 될 수만 있다면 마누라도 바꾸라고 했을지도 모르겠다. 아무튼 죄를 지은 정치인을 다시 국회의원으로 뽑는 이 특이한 행동은, 실제 그 사람을 나쁜 사람이라고 생각하고 뽑는 것은 아니다. 사람들은 그가 본의 아니게 그런 구설수에 휘말렸다고 믿는다. 그러니까 설령 그가 공적인 법률을 위반해서 범죄자라는 비난을 받는다고 해도, 범죄행위가 그 사람만의 독자적 행위라고 보지 않는다. 그가 비난받는 행위는 그동안 당연하게 허용되던 관행이라거나, 어떤 일련의 흐름 속에서 벌어진 일이기 때문에 그 사람 하나를 특정해서 잘못했다고 몰아갈 수 없다는 생각이 깔려 있다.

식사를 강권하는 이유°

우리는 어떤 상황을 만나면 이성적인 판단보다 물리적인 상황을 더 중시한다. 식사도 마찬가지다. 한국인의 집에서는 늘 생활이 흐름으로 진행되는 중이다. 누군가의 집에 갔을 때, 집 주인이 식사 중이라면 당연히 손님에게 밥 한술 뜨라고 권한다. 방문객을 식당의 흐름 안에 넣으려고 한다. 그래서 밥을 먹었다고 해도 재차 식사를 권하고, 손님은 때로 주인의 강권에 이미 식사를 했다 해도 다시 수저를 들게 된다. 타인의 집에 방문한 사람은 어떤 흐름 속에 들어가기 때문에 자신이 매우 이질적인 요소가 될 수 있다. 그때 그 흐름 속에 자신을 녹여내는 것이 전체적인 흐름에 원만한 상황이 된다. 밥을 먹었어도 한 숟가락 뜬다든지 하는 건 그래서 나온다. 이는 관념적인 상황이라기보다 물리적인 상황이고, 논리적 영역이라기보다 감성적인 영역이라고 할 수 있다. 식당을 당장 거실로 바꿀 수 없는 상황에서 손님에게 식사를 강권하는 것은 내가 식당이라는 흐름에 있기 때문이다. 이때 우리가 착각하면 안 되는 점이 있다. 객관적으로 볼 때, 이 상황에서 중심은 손님이 아니라 식당이라는 흐름 속에 있던 집주인이다. 집 주인이 상황을 바꾸지 못하니 자기의 흐름으로 손님에게 들어오라는 것이다.

방이 침실로 변해버린 시간에 찾아온 손님이라면, 내일을 기약하고 나가는 것이 제일 좋겠지만, 일단 그 흐름 속에 들어가면 기왕에 온 거 잠을 자고 내일 가라는 말을 듣기 쉽다. 한국인을 매우 정적으로 보이게 하는 말들, 식사를 하라는 둥 잠을 자고 가라는 둥의 이야기는 그 시점 그 공간의 흐름 속에 있기 때문이다. 이처럼 우리는 상황에 따라서 그 흐름을 타는 데에 익숙하다. 이 흐름을 타지 못하면 상황에 적응하지 못하는 사람이 된다. 때문에 우리는 어떤 상황이 전개될 때 그 흐름을 함께 타는 것이 예의가 될 수도 있다. 흐름을 읽지 못하면 우리는 많은 것을 잃게 된다.

한국인은 정말 흐름을 중시한다. 캐나다에 갔을 때의 경험이다. 운전을 하다 교차로가 나와서 사방을 보니, 차가 오고 있었다. 렌터카를 세우고 그 차가 지나가기를 기다리니, 그 차는 서서 움직이지 않았다. 결국 내가 먼저 차를 출발시킨 이후에야 그 차가 출발했다. 먼저 도착한 차를 먼저 보내려는 의도였다. 먼저 왔으니 먼저 가야 한다. 그러나 한국인은 다르다. 교차로에 먼저 도착하면 나중에 오는 차가 지나갈 수 있도록 차를 멈추고 대기해야 한다. 그리고 그 차가 지나가면 출발한다. 생활의 흐름은 개인적인 행태로 끝나는 것이 아니라, 사회규칙까지 바꾼다. 한국인은 철저하게 움직이는 흐름을 선행시킨다.

1시 정각이 아니라 1시 정도°

한옥은 시간을 나누어 쓰도록 집이 구조화 되어 있다. 그래서 한국인의 생활은 스케줄 속에서 움직일 수밖에 없다. 그러다 보니 나 혼자만 가족의 생활에서 분리되어 움직이기가 쉽지 않다. 역설적이지만 시간을 나누어 생활하는 방식 때문에 정각 한 시라는 개념에 익숙하지 않다. 여러 사람이 공동으로 움직이기 때문에 생활을 정교하게 조직하기가 쉽지 않아서다. 공동생활을 하는 한옥의 생활 흐름에서 나 혼자 동떨어져 결정할 수 있는 일은 많지 않다. 그래서 한 시쯤이라고 약속하는 것이 편하다. 이는 약속조차 생활이라는 흐름 속에 있기 때문이다. 애초에 정확하게 시간을 지킬 수 없는 생활문화에서 일 분 일 초도 틀리지 않게 약속을 지키는 일은 어려울 수밖에 없다.

시간만이 아니라 공간도 그렇다. 우리는 공간을 계속해서 시간으로 나누어 쓰는데 이것이 집집마다 다를 수밖에 없다. 그래서 내가 원하는 시간에 내가 원하는 공간을 방문하는 것이 쉽지 않다. 생활은 비즈니스와 달라서 밥 먹는 시간을 엄격하게 정할 수 없다. 정해진 시간을 지키려 해도 가족 각자에게 상황이 있을 수 있고, 그러다 보면 식사 시간이 늦어질 수도 당겨질 수도 있다. 그래서 사실 필자가 젊었을 때만 해도 친구와 먼저 약속하고 친구 집을 방문하는 일이 오히려 드물었다. 전화라도 할 수 있지만, 굳이 그러지 않았다. 그저 생각이 날 때 갔다. 내가 누군가와 정확하게 약속을 하면, 약속 시간에 그 집의 생활이 다시 세팅되어야 하는데, 이게 쉽지 않다. 그러니까 손님을 맞으려면 집을 거실로 바꾸어야 하는데, 만만한 일이 아니었다. 그래서 가까운 관계라면 오히려 약속하지 않고 가는 것이 상대방의 수고를 덜어주는 방법이 될 수도 있었다. 물론 요즘이라면, 예의가 아니라고 시비를 걸 수도 있을 것 같다.

11장

한국인은 보편적 복지에
반대한다

사촌이 땅을 사면 왜 배가 아플까?

그래서 한국인

외국인의 국내 체류가 많아지면서, 굳이 외국에 나가지 않아도 낯선 경험을 하게 된다. 외국인은 이따금 지나가는 사람에게 하이! 인사한다. 요즘은 머리를 숙여 인사하기도 한다. 그럼 필자의 경우에는 순간적으로 바로 인사를 받지 못한다. 전혀 준비가 안 된 상황이기 때문이다. 때로는 '참 이상한 사람이다.'라는 생각도 든다. 상대방이 외국인이 아니라 한국인이라도 그런 상황은 내게 언제나 이상하다. 그러나 모르는 상대방이 동창으로 밝혀지면, 반갑다. 그냥 반가운 것이 아니라 매우 반갑다. 어차피 남인 건 다르지 않고, 그를 다시 만날 일도 없을 것 같은데도 말이다. 다시 만날 것도 아니지만, 또 보자며 헤어진다. 이는 한국인만의 독특한 관계 맺기다.

한국인은 상대방이 '우리'라는 범주 안에 들어오지 않으면 대체로 그 사람에게 관심을 보이지 않는다. 그러니까 나와 아무 관계가 없는 남에게는 무심하지만, 그가 하다못해 동창이라든지 이런 관계 속에 들어오면 그때부터 그에게 반응한다. 그때부터 그의 행동이 나를 기쁘게도 하고 슬프게도 한다. 한국인의 삶은 기존에 만들어진 관계 속에서 이루어진다. 그래서 그 관계 안에서 나의 정체성과 존재감을 확인된다. 그런 심리를 단적으로 보여주는 예가 '사촌이 땅을 사면 배가 아프다.'는 속담이다. 사실 따지고 보면, 일상생활에서 배가 아픈 경우는 사촌이 땅을 살 때만이 아니다. 비슷한 사례는 생활 속에서 흔히 만날 수 있다. 동기가 먼저 승진해도 배가 아프고, 옆집 아이가 일등을 해도 배가 아프다. 왜 그럴까? 한국인은 경쟁자를 조직 내에서 찾는 경향이 있다. 소위 한솥밥이라는 범주는 내가 마음을 쓰며 사는 최대한이다. (여기서 오해하면 안 될 것이 한 개인은 여러 한솥밥에 소속된다. 그래서 한국인은 때로 살기 힘들다.) 그래서 엄마는 아이의 성적을 이웃한 아이의 친구나 자신의 친구 자녀와 마구 비교한다. 그건 한솥밥 즉 같은 부류 안에서 경쟁을 하려 하기 때문이다. 옆집 아이보다 내 아이가 못하면 그게 곧 나의 못남으로 이어진다. 이게 배경을 통해 자신을 인식하는 생활 속의 사례다.

지방에 있는 학생들이 서울에 있는 학생과의 경쟁에서 패하는 이유도 어쩌면 여기에 있다. 내 생활 영역 안에서 공부를 잘하면 그걸로 만족한다. 차라리 경쟁심 없이 공부하는 재미를 키웠다면 서울에 있는 학생과 경쟁이 될 테지만, 주변과의 섣부른 경쟁심이 오히려 경쟁력을 떨어뜨린 것이다. 모르는 사람에게는 무관심하고 아는 사람들끼리 경쟁을 하다 보니, 이것이 집단 내에 알력으로 나타나기도 한다. 한인단체에서 한국인으로서 서로 협력하면서 한인단체 밖과 경쟁하는 것이 아니라 한인단체 내부에서 좌우로 나뉘어 싸운다면, 이는 그런 예다. "우리나라는 안 돼!" "우리는 안 돼!" 이런 말이 매우 흔하게 쓰이는 것도, 이런 문화적 맥락에서 보면 이해가 된다. 내가 문제가 아니라 우리가 문제다. 우리는 늘 '우리'가 문제다.

'사촌이 땅을 사면 배가 아프다.'는 말에서 한국인이 불행한 원인을 찾을 수 있다. 한국인은 늘 결핍상태다. 자신을 가까운 사람들과 비교하기 때문이다. 그리고 그 결핍은 매우 밀접한 생활 속에서 나타난다는 점에서 실제적인 불행과 이어진다. 그래서 한국인은 늘 부족하다. 차가 있고, 집이 있는데도 부족하다. 그래서 무언가 끊임없이 해야 하고, 돈도 계속 쉬지 않고 벌어야 한다. 한국인의 결핍을 상징적으로 볼 수 있는 것이 한국의 재벌이다. 재벌은 돈이 많은데 온 가족이 모두 나가서 돈을 번다. 개인적으로 보면 정말 이상한 가족이다. 이 세상에 흥미를 가질 일이 얼마나 많은가? 우주의 신비로움, 물리의 신비로움, 사람이 사는 이유. 돈이 많다면 이런 문제를 여유 있게 탐구할 수 있을 것 같은데 그렇지 않다. 도저히 이해할 수 없는 사람들이 재벌이다. 그러나 이상

할 일이 없다. 한국의 재벌은 재벌이기 이전에 한국인이다. 한국인의 결핍은 철저하게 물적이다. 결핍을 정신적 문제로 접근할 생각을 하지 못한다. 일반 서민부터 재벌까지 온 가족이 달려들어 돈을 벌어야 직성이 풀린다. 돈 다음에 추구할 가치가 보이지 않기 때문이다.

우리는 왜 복지정책을 반대할까?°

한국인의 이런 성품은 복지정책에도 드러난다. 우리나라는 국력에 비해서 복지가 제대로 작동하지 않는 나라다. 그런데도 정부에서 보편적 복지정책을 펴야 한다고 하면, 기를 쓰고 반대하는 사람이 의외로 많았다. 이게 참 특이한 점은 가난한 사람들 중에서도 적지 않은 수가 정치인이 복지정책을 공약으로 내세울 때, 이를 포퓰리즘으로 몰아붙이는 언론에 동조한다는 점이다. 이런 현상에 대한 기존의 설명이 몇 가지가 있다. 첫 번째 이념 문제다. 6·25를 겪은 세대는 정부가 무언가를 거저 나누어준다고 하면 공산당을 연상할 수 있고, 그래서 복지정책에 반대한다는 것이다. 두 번째는 도덕적 해이 문제다. 보편적 복지가 근로의욕을 꺾어서 국민이 일을 안 하는 도덕적 해이 상태가 벌어질 것이라는 우려다. 그러나 이런 주장은 한국인은 대체로 사회에서 부조받기보다는, 공정한 경쟁을 원하는 경우가 많다는 점을 간과한 것이다. 그래서 때로는 정부가 가난한 사람에게 도움을 주는 부조금조차 경쟁적으로 받으려는 경향을 보인다. 과거 영세민으로 정부에서 일정한 급여를 받을 수 있는 권리를 중산층에 속하는 사람들이 받아내려 애쓰는 경우를 실제 여러 번 봤다. 전해 듣기로는 그런 경우가 의외로 많다. 영세민에 등록되기 위해 백을 쓰는 경우도 있었다. 그래서 우리 사회에서 복지는 오히려 나쁘게 받아들여진다. 안 받아도 되는 사람까지 경쟁적으로 받으려 하기 때문이다. 이 말은 한국의 중산층에게는 사회를 떠받치는 도덕심이 없다는 것을 의미한다. 그러나 작은 돈을 받기 위해 일을 하지 않을 것이라는 예측은 잘못된 부분이다. 한국인은 물적 가치를 추구하기 때문이다.

한국인이 보편적 복지를 반대하는 이유는 한국인의 독특한 의식에서 찾아야 한다. 한국인은 스스로 중산층이라고 생각하는 사람이 많다. 10년 전의 통계를 보면 자신을 중산층이라고 생각하는 사람들이 의외로 많다는 점에 놀란다. 문화일보 2007년 12월 6일자에 의하면, 자신이 중산층이라고 생각하는 사람들이 외환위기 직후인 1999년에는 72.1%, 노무현 정부 출범 직전 해인 2002년은 80.1%였다. 그렇게 어렵던 IMF구제 금융 당시에도 한국인은 자신은 중산층이라는 믿음으로 경제의 어려움에 맞섰다. 금모으기 운동을 하는 등 정부 차원의 재난에 국민이 힘을 모을 수 있었던 것은 스스로가 중산층이라는 믿음이 있었기 때문이다. 아주 갑부와 극단적으로 가난한 사람이 아니면 대체로 자신을 중산층이라고 생각한다.

흙수저론이 비등한 요즘이라면, 사는 것이 워낙 빡빡해져서 통계가 좀 달라졌을 수 있을 것 같기는 하다. 2017년 1월 6일자 노컷뉴스에 따르면 직장인 92%가 금수저와 흙수저로 대표되는 '수저계급론'이 현실이라고 생각하는 것으로 조사됐다. 특히 수저계급론이 현실이라고 동의한 직장인 중 66.5%는 자신이 '흙수저'라고 답했다. 이런 현상은 우리 경제가 비정상이라는 것을 보여준다. 도저히 탈출구를 찾지 못한 사람들의 좌절감을 드러낸 것이다. 그러나 국민에게 다른 선택 사항 없이 금수저와 흙수저 두 가지만을 설문으로 조사한 것은 우리 국민의 기본적인 성향을 무시한 설문조사라는 생각이 든다. 옛날에도 자신을 아주 잘 산다고 주장한 사람은 거의 없었기 때문이다. 그런데 분명한 것은 신자유주의가 기승을 부리는 현재 상황은 우리 스스로 중산층에 속한다고 굳게 믿으며 내일을 향하던 한국인의 습성까지 위태롭게 만들고 있다.(보편적 복지에 대한 생각은 촛불집회와 문재인 정부 출범 이후 좀 더 관대해지는 것 같다. 이는 무상급식이라는 사회적 문제를 넘어온 시대적 위치와 자신을 흙수저라고 생각하는 사람들이 보편화되는 것과 무관하지 않아 보인다.)

한국인이 머무르려고 하는 중산층은 심리적으로 매우 안정감 있는 자리다. 한국인은 흐름을 벗어나는 걸 매우 싫어한다. 모난 돌이 정 맞는다는 말은 흐름을 중시하는 심성을 그대로 드러낸다. 그래서 개인의 문제는 늘 흐름(배경)의 문제로 돌려진다. 내가 원래는 중산층이지만, 지금은 시대를 잘못 만나 그렇다는 둥, 능력은 있는데 부모를 잘못 만났다는 둥, 재수가 없어서 그렇다는 둥, 우리는 그렇게 말해 서로를 위로하고 위로받는다. 그러니까 자신이 중산층이라고 할 때 그 기분은 스스로를 평균치 이상으로 갈 수 있는 사람으로 여기는 습성이다. 그래서 나는 언제나 중산층이다. 나는 언제든 위로 갈 수 있다. 나는 가능성의 인간인 것이다. 문제는 나만 중산층이 아니라 타인도 중산층이라는 점이다. 이럴 경우 보편적 복지는 부당해 보일 수 있다. 그래서 진짜 가난한 사람에게 정부가 도움을 주는 것을 반대하지 않고, 이는 보편적 복지가 아니라 선택적 복지에 대한 동조로 나타난다. 그리고 이는 경쟁적 수혜가 되면서 비리로 이어지기 쉽다.

평등을 싫어하는 대한민국°

우리 문화에는 민중문화가 광범위하게 남아 있다. 그 뿌리가 한옥의 구들이라는 것은 이미 몇 번을 확인했다. 실제 민중문화가 우리 사회의 주류로 남아 있는 것은 다양하다. 강건한 샤머니즘 문화 역시 한국문화의 민중성을 보여준다. 사실 귀족이 문화를 주도하는 지역에서는 관념성이 강한 종교나 철학이 나타난다. 중국도 유럽도 자신들의 철학을 체계화했다. 그리고 여기에는 당시 지식인들의 노력이 숨어 있다. 이들이 만든 관념의 세계는 결코 민중이 만들 수 없다. 늘 생존에 부대끼는 백성들이 세상을 사유하여 관념화시킬 수 없기 때문이다. 그래서 무언가를 차분히 생각해서 추상화화고 관념화하는 사유惟惟는 먹고 살기에 넉넉한 사람들의 몫이다. 그리스에서 철학이 자리 잡을 수 있었던 것은 당대에 시간적으로 여유 있던 사람들이 세계의 원리와 이치에 대해 고민하고 토론한 결과다. 그들이 만든 철학이 유럽을 지배했다. 그런데, 우리나라에는 그런 문화가 보이지 않는다. 지금까지 한국인이 만든 독자적인 철학적 관념을 찾기 힘들다. 사실 여기서 한 걸음 더 나아가면, 우리는 관념까지도 물화시켜서 생각하는 경향이 있다.

힘센 나라에서 만든 철학을 소프트웨어로 수입하여

자신의 사유를 정립하기 위해 쓰는 것이 아니라, 철학 자체를 물리적 형태를 가진 완제품으로 수입하여 사용한다. 즉 관념조차 물적인 개념으로 받아들인다. 예를 들면, 칸트를 공부하는 철학자는 칸트의 철학을 비판하고 그를 통해서 자신의 사유능력을 키워가는 것이 아니라 완성된 칸트철학을 공부의 대상으로 삼는다. "내가 칸트를 20년 공부했어! 그래도 아직 이해를 못하는데 네가 얼마나 공부했다고 나대?" 한국 철학자는 이렇게 사람을 논박하기도 한다. 이도 일종의 샤머니즘, 즉 학문적 샤머니즘이라고 해야 할 것이다. 이런 모습은 조선시대 성리학의 비조 주자의 뜻을 살피는 데 전심전력하고, 그 뜻에서 벗어나는 이야기를 하는 사람을 사문난적으로 몰던 조선 선비의 이미지와 그대로 겹친다. 학문적 샤머니즘의 또 다른 형태가 백과사전적인 지식을 자랑하는 것이다. 마치 각종 신을 모셔놓은 무당처럼. 어떤 경우에도 자신의 철학은 쏙 빠져있다. 번역하기에 바쁘다.

조선시대 내내 양반과 상민이 있었지만, 조선의 지배계층은 백성들의 문화에 젖어들었고, 민중은 자신들이 이루어놓은 문화적 결과물에 대해서 알게 모르게 자부심이 있었다. 판소리나 마당놀이가 한국의 전통문화지만, 기본적으로 이런 문화에서는 백성들의 단련된 근육의 꿈틀거림이 느껴진다. 판소리에 체계를 세운 신재효 역시 중인이었다는 점은 우리가 주목할 만하다. 백성들은 이를 정리할 능력이 없었다. 이를 체계화시키는 것이 지식인의 몫이다. 그걸 양반이 아닌 중인 신재효가 한 것이다. 신재효는 일반 상민을 우습게만 볼 수 없었을 것이다. 계급장 떼고 한 번 붙자는 말에는 이런 문화적 흐름이 존재한다. 백성들이 끈덕지게 지켜온 구들 문화를 양반이 전면적으로 받아들인 것과 차이가 없다. 사실 구들이 얼마나 좋은가. 한겨울 방바닥에 배를 깔고 누워서 책을 볼 수 있는 행복은 당시 백성들이 줄기차게 유지한 삶의 행태였다. 겨울이 있는 나라에서 사시사철 이렇게 살아갈 수 있다는 것은 정말 큰 행운이었다.

그런데 여기에서 매우 중요한 것은 우리에게 평등사상이 있었던 것은 아니라는 점이다. 위아래의 주거문화가 뒤섞이던 시기는 양반들의 수효가 놀라운 만큼 급증하던 시기와 대체로 맞아떨어진다. 나도 양반이 될 수 있다는 생각과 누구나 양반이어야 한다는 생각은 근본적으로 다르다. 서양과 달리 우리는 이 당시 상황을 사유체계로 정립하여 평등과 같은 관념으로 만들 계층이 없었다. 물론 피지배계층 역시 세상을 보는 눈을 다듬어 관념화하기보다 자기가 양반이 되는 쪽으로 실질적인 노력을 기울였다. 왕후장상의 씨가 따로 있나, 소리치는 것은 평등을 지향하는 것 같지만 실은 평등과는 다른 뉘앙스로 역사에서 작동해 왔다. 네가 양반이니 나도 양반이라는 생각이다. 이는 불평등을 전제로 하여 나도 너와 같아질 수 있다거나 나아질 수 있다는 생각이다. 우리 모두가 평등하게 대접받고 대접해야 한다는 생각이 아니라, 자기만은 양반으로 대접받기를 바란다는 뉘앙스가 담겨 있다. 이것이 갑질로 나타나기도 한다. 그래서 나도 양반이 될 수 있다는 생각은 기본적으로 불평등을 전제하는 쪽으로 역사를 이끌어 왔다. 이런 생각은 나는 최소한 중간은 되고 그래서 언제나 위로 올라갈 수 있다는 믿음을 강화했다. 그런 의미에서 우리의 평등 개념은 객관적이라기보다 매우 주관적이다. 그래서 평등이라는 가치를 먼저 정치의 전면에 내세운 것은 유럽인이지만, 생활 속에서 실존적 평등을 추구하려 한 것은 한국인이다. 역설적이지만 그래서 우리는 평등한 세상을 지향하지 않았다.

12장

한국에서 성공한다는 것

심기를 살피다°

직장생활을 하다보면, 시간이 됐는데도 퇴근하지 않는 상사가 간간이 있다. 상사가 앉아서 "나는 야근해야 하니까 먼저들 퇴근해!" 하면, 직원들은 슬금슬금 눈치를 보게 된다. 상사의 말을 액면 그대로 받아들이면, 상사는 할 일이 있으니 남아서 일을 하는 것이고, 직원 입장에서는 자기 일을 다 해서 할 일이 없다면 퇴근하면 된다. 그러나 현실적으로는 그게 잘 안될 때가 많다. 이때 직원의 발길을 잡는 것은 사무실을 채우고 있는 묘한 분위기다. 그 분위기는 논리적으로 판단할 수 있는 영역이 아니다. 소위 감을 통해 이해해야 한다.

언론 기사에 따르면, 박근혜 정권에서 비서실장을 지낸 김기춘은 자신에 대해 마뜩찮은 소문이 돌자 조응천 당시 비서관 등에게 이에 대한 조사를 지시한다. 이것이 소위 정윤회 문건으로 알려진 사건의 시작이다. 조응천 등은 지시 받은 내용을 조사하여 보고했다. 조사결과를 받은 김기춘은 보고서를 박근혜 당시 대통령에게 올렸는데, 박근혜는 아무 반응도 보이지 않았다. 그는 재차 문건을 올려 보고 했지만, 대통령은 여전히 무반응으로 일관했다. 보고서에는 정윤회, 최순실 그리고 소위 문고리 3인방에 관한 내용이 실려 있었다. 사람에 따라서는 대통령에게 전화를 걸어서 확인하든가 직접 집무실에 가서 확인할 만한데, 김기춘은 더 이상 보고서에 연연하지 않았다. 그는 대통령의 침묵을 문고리 3인방과 최순실, 정윤회에 대해 더 이상 언급하지 말라는 의미로 파악한다. 문제를 조용히 덮자니 조사한 내용이 밖으로 나가지 않을 필요가 있었다. 그래서 보고서를 작성한 사람들을 업무에서 배제시키고 관리에 들어간 것으로 보인다. 그는 자신의 지시를 성실히 수행한 박관천을 인사조치하고, 이후 조응천을 내쳐서 문제를 해결했다. 지금까지의 이야기가 언론에 난 정윤회 문건에 대한 대강의 이야기다. 만약에 보도된 내용이 사실이라면, 김기춘은 대통령 지시가 없었음에도 대통령의 의중을 읽어내서 일처리를 한 것이다. 아마도 이것이 김기춘의 능력일 것이다. 그가 수십 년 동안 수많은 사람들이 명멸한 정치판에서 승승장구할 수 있었던 것은 이렇게 윗사람의 심기를 살피고, 그 뜻을 관철할 수 있는 능력 때문일 것이다. 이것은 시각적이고 논리적인 영역이 아니라, 촉각적이고 감각적인 능력과 관계가 된다. 윗사람의 심기를 직접 묻지 않고 분위기로 파악하는 능력. 시각적으로 무언가를 명백하게 확인하고 인식해서 의사결정을 내리는 것이 아니라, 분위기와 당시의 흐름을 파악해서 의사결정을 내리는 이런 행동패턴은 촉각문화로 접근해야만 설명이 가능하다. 그리고 이런 문화의 위험성을 국민은 박근혜 정권을 통해서 다시 한 번 확인했다.

눈치를 보다°

촉각문화가 윗사람과 아랫사람 사이에서만 작동하는 것은 아니다. 남녀 간의 관계에서도 마찬가지로 작동한다. 과거에는, 특히 여자라면 "너 그 사람 좋아하지?" 물으면 냉큼 그렇다고 대답하는 경우가 드물었다. 하지만 나름대로 의사표시는 했다. 대체로 속마음을 짐작할 수 있는 분위기를 연출한다. 이 부분이 서양과 다르다. 시각적인 문화는 논리적인 언어의 영역과 밀접하게 이어지지만, 촉각적인 문화에서는 논리적 언어보다 감성적 언어와 이를 표현하는 몸짓언어가 더 발달했다. 한국인은 표정, 눈짓, 입술의 움직임 등 다양한 촉각적 움직임을 통해서 전체 상황을 통째로 인식한다. 이것은 시각이 아니라 촉각적이고 상황중심적인 생활문화가 낳은 것이다. 부부간에도 굳이 사랑한다는 말을 할 필요가 없는 문화였다. 공연히 사랑한다고 말했다가는 "당신 왜 그래? 어디 아파?" 면박 받기 십상이었다. 부모 자식 간에도 이런 일은 늘 벌어진다. 어머니에게 전화를 건다. "어머니 외로우시죠? 내려갈게요." 아들의 말에 어머니가 대답한다. "외롭지 않다. 내려오지 않아도 된다. 바쁘잖아." 아들은 어머니의 말씀을 곧이곧대로 듣고 내려가지 않는다. 그러면 어머니는 내심 '자식 잘못 키웠네.' 하며 서운해 한다. 그러나 어머니에게 마음을 쓰는 자식이라면 어투에서 어머니의 속마음을 파악하여 내려간다. 언어는 인식의 도구인데, 우리의 감성은 언어의 논리적 인식만을 인식으로 생각하지 않는다. "나 좋아해?" 물어봤는데, 몸을 배배 꼬면서 "아니. 그런 건 왜 묻고 그래." 대답하면, 알아들어야 한다. 한국인이 정곡을 찌르는 핵심적인 말보다는 의례적인 말이나 형식적인 말을 많이 하는 이유도 여기 있다. 그런 말들을 통해 그 이면에 숨은 마음을 전하는 것이 중요했다. 서양 사람들이 많이 속는다는 "차 한 잔 하자."는 말은 그렇게 의례적인 말이다. 그러나 역설적으로 분위기를 깨는 말은 위험하다. 말보다 분위기가 중요하지만, 상황에 따라서는 단어 하나가 모든 것을 망칠 수 있다. 왜냐하면 그 단어 하나가 그렇게 중요한 분위기를 깨기 때문이다.

질문을 어렵게 하는 한솥밥°

2014년 오바마 당시 미국 대통령과 박근혜 대통령은 정상회담 후 기자회견을 열었다. 오바마가 특별히 한국 기자단에게 기회를 주고 질문을 하라고 했지만, 한국 기자는 단 한 사람도 나서지 않았다. 이를 보다 못한 중국 기자 한 명이 일어나 자기가 하겠다고 하자 오바마는 한국 기자가 먼저라며, 중국 기자를 제지했다. 약간의 소란 뒤에 결국 중국 기자가 질문했다. 세계 정세를 좌우하는 미국 대통령에게 물어볼 것이 얼마나 많겠는가? 그렇다고 영어를 못하는 사람들도 아닐 텐데. 왜 이런 현상이 벌어졌을까? 일단 교육에 문제가 있다는 게 보편적이다. 좀 더 엄밀히 말하면 교육의 문제라기보다는 교사나 교수의 문제다. 그들에게 무언가 생각거리가 되는 질문을 하면, "네가 뭘 안다고 질문을 해!" 물음표가 갈고리가 되어 되돌아오기 십상이었다. 그러니 좀 더 구체적으로 말하면 묻지 못하게 하는 교육이 문제다. 이는 적절한 비판이고, 동시에 합리적 대안도 되는 의견이다. 교육은 분명히 바뀌어야 한다.

그런데 기자들에게 이는 합리적 이유가 될 수 없다. 기자는 묻는 것이 직업 아닌가. 묻는 것이 직업인 사람들은 그 분야에서 특별한 교육을 받은 사람들이기 때문에 이를 단지 일반적인 교육의 문제로 돌리기에는 석연치 않은 구석이 있다. 이는 크게 보면 한솥밥 문화의 폐해가 드러난 것이라고 할 수 있다. 일단 기자들은 오바마 대통령은 자신이 속한 집단 밖에 있는 사람이므로, 평소에 그에게 관심이 없었을 수 있다. 그러니 굳이 질문을 할 대상이 아니라고 생각한 것이다. 평소에 그에 관한 기사가 필요하다면 언제든 외신을 인용하면 됐기 때문에 궁금증이 없었을 것 같다. 기자로서 일을 처리하는 데 전혀 문제가 없었다. 그런데 그날은 오바마가 한국 기자들을 특정해서 물었다. "한국 기자들 먼저 물어보세요." 이게 사단이 된 것이다. 평소라면 조용히 넘어갈 것을 오바마가 한국 기자들을 특별히 배려하면서 문제가 된 것이다. 일단 평소에는 관심이 없었다고 해도 당장 질문 요구를 받았는데도 질문이 없었다는 것은 좀 심각해 보인다. 기자들은 도대체 왜 일관되고 집요하게 입을 닫고 있었을까? 나중에 실제 현장에 있던 기자들의 간담회를 잠깐 본 적이 있는데, 한국 기자들은 분위기를 깨고 먼저 손을 들고 싶지 않았다고 한다. 질문을 하지 않은 또 다른 이유는 내가 어떤 질문을 했을 때 다른 기자들이 비아냥되지 않을까 하는 생각도 있었다고 한다. 기자의 질문이 오바마와 자신의 문제가 아니라, 한국 기자들 간의 문제로 바뀐 것이다. 이는 한국 기자단 안에서 자신의 위상과 관계되는 지점이다. 여기에서 한솥밥의 외부와 내부가 잘 나타난다. 기자들은 우리이고, 오바마는 우리 밖이다. 한국인에게 국제관계를 보는 안목이 부족하다는 것도 이 상황을 통해 알 수 있다. 세상을 보는 주체적인 눈이 없으니, 세계질서를 좌지우지하는 사람에게 질문할 수 없었던 것이다. 공연히 긁어 부스럼을 만들지 말자는 생각을 했을 것이다. 외신은 인용보도로 충분하기 때문이다. 사람에 따라서는 자기 질문이 국제정세를 쥐락펴락하는 미국 대통령에게 한심해 보이지 않을까 걱정했을 수도 있다. 그래서 국익보호(?) 차원에서 질문을 안했을 수도 있다. 집에서는 가족을 쥐 잡듯 하지만, 집을 나가서는 면서기만 만나도 유구무언이던 우리 시대 아버지를 떠올리게 한다. 아무튼 이것이 우리 한솥밥 문화의 진면목이 아닐까.

나도 짬뽕이요°

집에서 출발한 '우리'라는 개념은 밥상에서도 반복된다. 우리는 찌개를 끓여서 같이 먹는다. 찌개는 내 찌개가 아니라 우리 찌개다. 반찬도 공동으로 먹는다. 그러다가 남은 반찬을 양푼에 넣어 밥과 함께 비비면 모든 것을 모두가 함께 먹을 수밖에 없다. 이 밥은 내 밥일 수 없다. 밥도 우리 밥인 것이다. 물론 양반들이야 과거에 각자가 독립된 하나의 밥상을 받아 들었지만,

일반인들이 그렇게 살아갈 수 없었다. 남녀가 구분되거나 하는 식으로 무리로 식사를 할 수밖에 없었다. 이렇게 무리로 둘러 앉아 식사를 하거나 술안주를 먹을 때, 특히 맛있는 고기를 먹을 때, 마지막 남은 한 점에 손대기가 쉽지 않다. 우리 것인데, 이제 내가 먹어야 하기 때문이다. 그렇다고 그 한 점을 다른 사람의 건강을 위해 내가 먹고 싶은 것을 참는 것은 아니다. 분위기를 깨지 않기 위해 내가 우리라는 울타리를 깨지 않기 위해 참는 것이다.

우리는 내 식사가 아니라 우리 식사에 익숙하기 때문에, 식당에서도 독특하게 행동한다. 여러 명이 식당에서 음식을 고르다 보면, 편의를 위해서 음식을 통일할 때가 있다. 김치찌개와 된장찌개로 통일하자! 하면 그걸 거부하기가 쉽지 않다. 이것도 역시 흐름이다. 자기가 먹고 싶은 음식을 쉽게 포기할 수 있는 까닭은 기본적으로 그것이 우리 식사문화이기 때문이다. 한국인의 요리에서는 개인이 자기에게 배정된 음식을 독점하면서 하나하나 맛을 확인하는 코스요리가 발달하지 않았다. 같이 반찬을 두고 식사하는 '우리' 식사다. 식당에서 한국인의 이런 행동을 주체성이 없다고 생각하는 사람도 많은데 그것은 오해다.

이 상황을 이해하려면, 우리 식사문화의 독특함을 알아야 한다. 우리는 식사를 한꺼번에 내놓고 먹는다. 요즘에는 자기가 주문한 음식을 자기만 먹는 경우가 늘고 있지만, 과거에는 음식을 두세 종류로 통일해도 같이 나누어 먹었기 때문에, 두세 종류 음식을 동시에 먹을 수 있었다. 그래서 음식을 통일해 주문해도 크게 불편하지 않았다. 그리고 특별하지 않은 일상적인 식사는 질보다 양을 따지는 식사문화라는 점도 통일된 음식주문에 영향을 주었다. 그러나 잊지 말아야 할 것은 한국인이 음식을 통일해서 시키는 경우는 일상적인 식사에서만 해당한다. 즉 자기가 특별히 먹고 싶은 음식을 정하고 갈 때는 음식을 통일해서 시키는 경우가 없다. 그래서 식사를 통일해서 시키는 경우는, 일을 하거나 놀이를 하다가 스케줄에 따라 식사시간이 되어 식사할 때다. 이때는 식사 자체가 중요하지 무엇을 먹느냐는 상대적으로 덜 중요하다. 우리는 그 흐름을 타는 것이다.

영혼 없는 사람의 나라

《유년기와 사회》라는 책을 쓴 심리학자 에릭 에릭슨은 1949년 버클리대학으로부터 종신교수직을 제의 받아서 교수가 되었다. 유대인 박해를 피해 미국으로 온 그는 변변한 학위조차 없었으므로, 그에게 교수직은 매우 영광된 자리였다. 그러나 그는 이듬해에 교수직을 그만두었다. 당시 미국에는 매카시즘의 광풍이 대학에 몰아치고 있었고, 그런 와중에 당국이 그에게 충성 맹세를 요구했기 때문이다. 그는 학문의 자유와 학자의 자존심을 위해서 사표를 냈다. 우리 주변에서는 이런 사람을 만나기가 어렵다. 물론 없지는 않을 것이다. 그러나 그들이 세상에 드러나지 않는 이유는 이들이 결코 재기하지 못하기 때문이다. 우리는 자신의 신념에 맞게 사는 사람을 조직에 적응하지 못한 사람이라고 딱지 붙이는 일에 익숙하다. 아마 에릭 에릭슨이 한국인이었다면, 주변에서는 그가 사회에 적응하지 못할 만한 이유를 찾아냈을 것이다. 의붓아버지 밑에서 자라서 그렇다는 둥 비난거리를 찾아서 괴롭힐 것이다. 우리에게는 지켜야 할 소신이라는 것이 그다지 중요하지 않다. "아니 양심의 자유를 위해서 일자리를 버린다니 이게 무슨 말이 되는 소리를 해야지!" 목소리를 높일 것이다. 한술 더 뜨는 사람이 있을지도 모르겠다. "아니 양심이 있어야지! 마누라와 자식은 어떻게 하고!"

우리가 악착같이 대학에 가고, 교육에 한이 맺힌 것처럼 구는 이유가 뭘까? 많은 사람들이 학문에 대한 호기심과 경의가 아니라 소위 양반으로 살고 싶은 강한 욕망을 전제한다. 그래서 우리에게는 좋은 학자가 나오기 어렵다. 높은 사람으로 대우받고 싶어서 학자가 되었으니, 이제 높은 신분에 오른 이상 학문에 관심을 둘 필요가 없다. 목적이 학문이 아니라 바로 그 지위였기 때문이다. 그래서 본격적으로 학문을 하려다가도 장애가 생기면 쉽게 포기하고 무사안일에 빠지게 된다. 학문하기에 대한민국의 토양은 너무 척박하다. 소신 있는 공무원이 나오기도 어렵다. 영혼을 팔아서라도 출세를 해야 하는 것이다.

정치검사 이야기가 나올 때마다, 관련 인사들의 입에서 나오는 말이 '인사상의 불이익을 피하기 위해서'다. 그 말을 아주 자연스럽고 부끄럽지 않게 한다. 검사들에게 주어진 수사권과 기소권은 굉장히 위험한 칼이다. 이 칼에 베이면 사람이 다치고, 설령 칼날을 피하더라도 자살에 이르기도 한다. 그래서 검사와 판사는 '법적 양심'이라는 '가치'를 바탕으로 일해야 한다. 사회적으로 경제적으로 충분히 대접받는 이유다. 그럼에도 검사들이 정치검사로 추락하는 이유는 단 하나라고 말한다. 인사상 불이익. 이런 말을 검사나 검사 출신 변호사가 너무 천연덕스럽게 한다. 말하자면 그들에게 법은 오로지 줄에 불과한 것이다. 대한민국에서 줄은 쉽게 없어질 것 같지 않다. 의견은 논리적 구조가 달라지면 달라질 수 있겠지만, 한솥밥에서 출발하는 줄은 오로지 물질적 터전 위에 자리 잡고 있다. 내가 어느 인맥에 줄을 대느냐에 따라서 내 미래가 달라질 수도 있다. 그들은 곤혹스럽다고 해도 그 자리에 앉아 있을 것이다. 그리고 말할 것이다.

앞에서 말한 그 말이다. "그때 분위기가 그랬어. 공무원에게는 영혼이 없다고." 그런 공무원이라면 신세대에게 이렇게 물을 수 있을 것이다. "네가 죽을 만큼 노력했어? 너희가 고생을 해봤어! 내가 이 자리에 오기까지 얼마나 노력을 했는지 알아?"

줄을 잘 서야 산다

그 노력 중에 하나는 줄을 잘 서는 것이다. 이때 '줄'은 어떤 조직에서 한솥밥 영역의 최대한이다. 예를 들어서 어떤 조직에 두 개의 줄이 있다고 가정하자. '광주일고-서울대'라인이라든지 '경기고-서울대' 라인이라든지. 진급에도 관심이 없고 회사에서 잘리면 말고 하는 생각으로 다니는 사람이 아니라면, 어느 정도 연차가 차면서 줄에 관심을 갖는다. 그래야 적당한 때에 진급도 하고 출세도 할 수 있다. 내가 광주일고도 경기고도 나오지 않았다고 해도 결국 어느 줄에 속할 수밖에 없다. 그런데, 일단 내가 어느 줄에 섰다가 그 줄에서 빠져 나오면, 결국 다른 줄을 선택하는 꼴이 된다. 그래서 그 회사에서 줄은 그 회사 한솥밥의 최대치가 된다.

그런데 문제는 이 줄이 합리적인 가치나 의견을 수렴하여 만들어지지 않는다는 것이 비극이다. 한국 사회에서 줄은 한솥밥에 기반을 두고 있다. 앞에서 든 사례는 지연과 학연 외에 어떤 공통된 가치도 담지하고 있지 않다. 그래서 어떤 줄에 있던 사람이 그 줄을 이탈한다는 것은 매우 심각한 상황을 초래할 수 있다. 그건 의견을 바꾸는 것이 아니라, 배신으로 받아들여지기 때문이다. 이런 일은 살다보면 비일비재 한데, 이번 자유한국당의 대통령 후보로 나선 홍준표의 말이 아주 좋은 예다. 그는 바른정당 유승민 후보에게 이런 말을 했다. "살인자는 용서해도 배신자는 용서하지 않는다."

대구·경북지역의 정서를 전하는 식으로 말했지만, 그런 생각이 없지는 않았을 것 같다. 그렇지 않았다면 그 말을 굳이 옮길 필요도 없었을 테니까. 이것이 한솥밥의 진면목이다. 안타깝게도 공무원은 이들에게 줄을 대야 한다. 그래서 한국의 공무원은 스스로 영혼이 없다고 말한다.

영혼이 없는 것으로 따지자면, 정치인이라고 다르지 않다. 한국 정치에서 진보와 보수가 제대로 자리를 잡지 못하는 이유 역시 정치가 가치를 추구하기보다 한솥밥으로 뭉치기 때문이다. 한국인에게 진보나 보수는 가치를 통해서 확정되지 않는다. 가장 진보적인 영역에서 가장 보수적인 자리로 자리를 옮기는 사람들을 우리는 너무 익숙하게 보아왔다. 그들에게 가치는 물적 이익을 위한 도구일 뿐이다. 이런 상황은 한국문화가 여전히 한솥밥의 연장 속에 있음을 확인해준다.

무리 짓는 한국인°

학창시절, 어떤 선생님은 무언가 잘못한 학생을 불러내서는 "조선 놈은 맞아야 말을 들어!" 욕을 하며 매질을 했다. 아마도 일본인의 말투를 흉내 낸 것이리라. 조센징! 선생은 맞아야 하는 타율적 한국인을 말하고 싶었을 것이다.

한국인이 타율적이라는 주장은 다양하게 진술된다. 한국인은 단체여행을 많이 다니기 때문에 타율적이라는 주장도 있다. 그런데, 단체여행은 어느 곳에나 있다. 그것 자체가 하나의 상품이기 때문이다. 중국인 단체여행객이 얼마나 많은가? 그럼 이 사람들이 다 타율적이란 말인가? 그럴 리 없다. 만약에 한국인이 단체여행을 좋아한다면, 거기에는 두 가지 이유가 있을 수 있다. 하나는 한국인이 편한 것을 좋아하기 때문이다. 그냥 좋아하는 것이 아니라 너무너무 좋아한다. 사실 국제여행은 정말 복잡하다. 준비하고 챙겨야 할 것이 너무 많다. 여권은 그렇다 치고, 비자도 만들어야 하고, 비행기 탑승권도 발권해야 한다. 이때 시차도 꼼꼼하게 계산해야 한다. 너무 복잡하다. 숙소 문제도 어디에서 자는 것이 적당한지 비용은 제대로 지급하는 것인지 다 확인해야 하는데 이게 만만하지 않다. 한정된 예산으로 먹거리를 장만하려면 한국인에게 맞는 음식에 어떤 것이 있는지도 알아야 한다. 그 외에도 숱한 정보가 필요하다. 그런데, 단체여행을 가면 그 문제가 한 번에 해결된다. 거기에 스케줄까지 다 짜준다. 한국인의 주거문화는 늘 스케줄에 따라 움직이는 문화였다. 이 모든 것을 해결해주니 얼마나 편한가? 한국인이 편한 것을 좋아하는 가장 큰 이유는 수천 년을 편한 집에서 살아 왔기 때문이다. 한옥이 뭐가 편할까 궁금하다면, 200년 전으로 돌아가서 따져보면 된다. 여름이면 시원하고 겨울이면 따뜻한 집이었고, 한겨울에도 따뜻한 물을 넉넉하게 쓸 수 있는 집이었다. 그리고 무엇보다 위생적이었다. 단체여행을 하는 두 번째 이유는 한솥밥 문화다. 한국인은 홀로 있는 것보다 무리를 좋아한다. 홀로 떨어져 있으면 심리적으로 불안해한다. 동네마다 조기축구회가 있고, 등산동호회가 있는 까닭이다. 사람들과 같이 있으려는 것이 심리적 이유이기 때문에, 큰 무리보다 작은 무리를 형성하려고 한다. 그것이 정서적으로 맞아서다. 그래서 조직이 잘 쪼개진다. 그러니까 외국에 이민을 간 한인들은 무리를 짓기 좋아하니 잘 모인다. 그래서 한인협회를 만들지만 편이 갈려 잘 다툰다. 이는 한국인이 추구하는 무리가 큰 무리가 아니기 때문이다. 어떤 조직이 만들어지면, 그 안에서 작은 무리로 나누어지려는 습성이 있다. 왜냐하면 한국인은 촉각적이고 정서적이기 때문이다. 조직이 커지면서 그 안에서 정서를 중심으로 조직을 나누거나 그 안에서 정서적으로 동질적인 무리가 만들어진다. 한국인은 일반적인 의미의 집단주의와는 다른 성품을 갖고 있는데, 이를 정서주의라고 할 수도 있을 것이다.

우리는 정서를 중시하다보니 누군가와 무엇에 관한 이야기를 하다가, 예를 들어서 정치에 관한 이야기를 하다가 상대방이 자신과 의견이 달라 싫어하는 기색을 비치면 논쟁을 하기보다 말을 접는다. 논쟁 때문에 불편한 관계가 되는 걸 싫어하기 때문이다. 토론한다는 것은 누군가의 반대 입장에 서는 것인데, 한국인은 그런 상황 자체를 좋아하지 않는다. 그래서 우리는 함께 토론하기보다 함께 즐길 만한 놀이를 잘 만들어낸다. 한국인들은 친구가 만나면 대개 바로 술을 마신다. 술을 마시기 이른 시간이라면, 무언가 이야기를 나누기보다 당구장으로 향한다. 고스톱이나 포커 문화도 서로 판을 깨지 않고 정서적 유대관계를 유지하는 선에서 놀기에 적당하다. 그리고 정작 이야기는 술이 취해서 한다. 술이 취해 토론이 될 수는 없지만, 평상시 마음에 담아 두었던 이야기를 이때 전하기도 한다. 그러니까 한국인은 맨정신에서 무언가를 이야기하기보다, 술에 취해서 이야기한다. 그래서 한국인에게 술은 정서적 유대를 확인할 뿐 아니라, 서로간의 마찰을 푸는 윤활유가 된다. 술이 취해야 대화를 하는 이 독특한 문화에서 토론은 가능해보이지 않는다.

13장

우리는 왜 겉과 속이 다른가?

잠옷보다 속옷°

2017년 1월 15일 YTN은 영국에서 일어난 해프닝 기사를 실었다. 잠옷 차림으로 쇼핑에 나서는 사람들 때문에 눈살을 찌푸리는 일이 있다는 내용이었다. 대부분의 영국 사람들은 잠옷을 입은 채 쇼핑하는 일은 '예의에 어긋난다.'고 생각한다고 전했다. 한국인이라면 어떨까. 최근에는 한국인도 잠옷을 입지만, 과거 전통한옥에 살던 한국인이 별도의 잠옷을 입었는지는 확인되지 않았다. 그러나 전체적인 맥락을 보면, 대체로 잠을 청할 때 선호하는 옷이 있을 수는 있지만, 잠옷이라는 종류의 옷을 따로 준비하지는 않았다. 잠옷은 침실처럼 영역화된 장소에 적합한 옷이기 때문이다. 한옥은 집의 구조상 잠옷이 나오기 힘들다.

잠옷 쇼핑이 우리에게 문제가 되려면, 영국인과는 다른 입장에 서야 한다. 잠옷을 겉옷으로 생각하느냐 속옷으로 생각하느냐에 따라 한국인의 의견은 달라진다. 한국인은 집 밖에 나가지 않으면, 비교적 편한 복장으로 지낸다. 기자는 기사 말미에 "우리나라라면 어떨까? 속으로 잠옷을 입고 쇼핑하는 사람을 특이하게 생각할 수는 있지만, 그들의 사진을 찍어 온라인에 올리거나 언론사에 제보할 생각을 하는 사람은 아무도 없을 것이다. 나라마다, 그리고 문화권마다 사고방식과 중시하는 가치가 이렇게나 다르다."라고 나름대로 문화를 비교하여 기사를 마무리했다.

기자의 말대로 한국인이 타인이 잠옷 입은 것을 문제시하지 않는다면, 한국인은 잠옷을 겉옷으로 본다는 의미다. 왜냐하면 한국인은 겉옷과 속옷을 구분하기 때문이다. 그래서 속옷을 입고 밖에 나다니면 이상한 사람이라고 생각한다. 그런데 조선시대 의복문화에서 속옷은 타인에게 보여주기 위한 것이 아님에도 불구하고 유난히 발달했다. 속옷 종류만 해도 다리속곳·속속곳·바지·너른바지·단속곳·무지기·대슘치마 따위가 있다. 조선시대 여자들은 다리속곳·속속곳·바지·단속곳을 순서대로 입었다. 여기에 궁중과 반가에서는 무지기와 대슘치마까지 입었다. 무지기無足伊의 한자를 보면 만족하지 못한다는 의미다. 이 말에는 속옷을 아무리 겹쳐 입어도 만족하지 못한다는 의미가 있다. 그래서인지 무지기는 오색 칠색을 층층이 넣어 크기가 다른 것을 겹쳐 만들어 입기도 했다. 성리학이 자리를 잡으면서 여인들이 겉으로 자신을 드러내는 데 한계가 있자, 내부로 자신의 존재를 키운 것이다. 외출할 때 입던 색깔 옷이 속옷으로 들어갔다는 점도 당시 집에 갇혀 살던 여인들의 복잡한 심사를 잘 보여준다. 속옷의 숫자만큼이나 당시 여인들의 속마음 역시 몇 겹이었을지도 모르겠다. 아무튼 잘 때 이 옷들을 다 벗고 잠옷을 갈아입는다는 건 쉽지 않았을 것이다. 우리는 잠옷 문화라기보다 속옷 문화다. 그런데 속옷으로 생각할 수 있는 잠옷을 입고 쇼핑을 한다면 문제가 될 수 있다. 속옷과 겉옷이 확대되면, 일상복과 외출복의 개념이 된다. 일상복이 자신의 일상생활 공간에서 입는 옷이라면, 외출복은 일상생활 공간을 넘어서는 장소로 갈 때 입는 것이다.

겉과 속이 다른 한국인°

2014년 4월 16일 세월호가 침몰하던 날, 박근혜 당시 대통령은 중앙재난안전대책본부에 가기 전, 강남에서 가게를 운영하는 전용 미용사를 불러 머리 손질을 했다. 자세한 내막을 알 수는 없지만, 강남에 있는 사람이 청와대까지 오는 데 1시간 가까이 걸리는 것을 생각하면 언뜻 이해하기 힘든 일이다. 어린 학생들을 실은 배가 침몰하는 비상사태임을 생각하면, 대통령으로서 그런 행동은 상식적이지 않았다. 미용사가 와서 다시 머리 만지는 시간이 또 소요되었을 것을 생각하면, 도무지 이해할 수 없는 처사였다. 기사에 의하면 대통령은 육영수 여사의 트레이드 마크였던 올림머리를 하지 않으면, 사람을 만나지 않았다고 한다. 이 점은 우리를 돌아보게 할 만한 이야깃거리가 될 수 있다. 일반적으로 집에 있던 사람이 외출을 하려면, 적지 않은 시간 동안 준비를 한다. 여자들이 좀 더 많은 시간을 들이기는 하지만, 남자들도 시간을 들여서 외출 준비하는 것은 마찬가지다. 왜 우리는 바로 집을 나서지 못할까? 첫 번째 이유는, 한국인은 실내와 실외에서 사는 모습이 다르기 때문이다. 다른 나라의 경우 실내와 실외에서의 생활모습이 크게 다르지 않다. 그 이유는 신발에 있다. 사람들은 대체로 집 밖에서 신발을 신으면 집 안에서도 신고, 집 안에서 신을 벗으면 집 밖에서도 신발을 벗는다. 한국인은 집 밖에서는 신발을 신고 집 안에서는 신발을 벗는다. 이는 사소한 차이 같지만 우리 행동패턴 전체에 크게 영향을 준다. 신발을 벗는 순간 사람은 긴장을 놓게 된다. 몸과 마음이 편해진다. 군대에 다녀온 사람이라면 경험했겠지만, 한국인이 실내에서 신발을 신고 있다면 비상사태를 의미한다. 내무반에서 군화를 신고 있다는 것은 워치콘Watch Condition 투 뭐 이런 상태 뜻한다. 그만큼 신발을 신는 것과 벗는 것에는 차이가 크다. 그래서 신발을 벗으면 옷도 간편해진다. 간단하게 파자마나 추리닝을 입는 경우가 많다.

우리는 남에게 보여주는 모습과 내가 생활하는 모습에 차이가 난다. 그게 외출복과 일상복으로 나타난다. 한국인이 겉과 속이 다르다면, 신발 때문에 생긴 안팎의 차이가 그런 습성을 만드는 물리적 조건이다. 우리와 비슷하게 실내에서 신발을 벗는 일본인도 안과 겉이 많이 다르다.

물론 한국인의 겉과 속이 다른 것이 신발을 갈아 신는 것에만 관계되지는 않는다. 한국인은 하나의 공간을 시간에 따라 수시로 바꾸어 가면서 생활해 왔다. 침실이던 방을 식당으로 바꾸어 식사를 하고 상황에 따라서 그 공간을 거실로 바꾼다. 그런데, 누군가 갑자기 들이닥치면 침실을 거실로 바꾸어야 하는데 이 일이 용이하지 않았다. 서양이라면 침실과 거실이 다르기 때문에 전혀 문제될 일이 없다. 거실로 사람을 유도하면 침실이나 식탁의 사정과 무관하게 사람들을 만날 수 있었다. 그러나 한국인은 이것이 근본적으로 불가능하다. 이불을 개야지만 손님을 위한 공간을 만들 수 있기 때문이다. 즉 침실 자체를 거실로 빨리 바꾸어야 한다. 그러다 보니 급하게 방에 있는 물건들을 여기저기 숨겨야만 하는 상황이 발생한다. 이것이 무언가를 숨기게 하는 행동을 낳는 데 영향을 준 것으로 보인다. 이것이 언어로 나타나는 것이 이런 말들이다. 다른 사람 눈 좀 생각하라. 남이 볼까 무섭다. 집안 망신주지 마라. 등등.

우리의 겉과 속 문화는 이제 인터넷으로 옮겨가고 있다. 페이스북에는 자신이 얼마나 행복한지 사진이 올라온다. 아이와 행복한 모습, 맛있는 음식으로 풍족한 삶, 여행지에서 올린 발랄한 사진, 우리들의 일상은 마치 외출복처럼 단정하고 유쾌하게 편집되어 SNS(Social Net-working Service)에 오른다. 다른 사람 눈을 의식해서 올린 것은 아닌지. 행복한 내가 아니라 행복해 보이는 내가 되고 있는 것은 아닌지 우리는 이따금 스스로에게 물어볼 필요가 있다. 이제 집 안팎의 문제가 인터넷 안팎의 문제로 옮겨간 것은 아닐까 생각해볼 필요가 있다. 남에게 보이는 나, 남에게 보이지 않는 나가 공존하는 인터넷은 이제 전 지구인을 겉과 속이 다른 족속으로 만들어갈 지도 모르겠다.

타인의 시선을 즐기다

생활 속에서 안과 밖의 차이가 크다. 이게 우리의 겉과 속을 다르게 했을 것이다. 이때 안과 밖의 차이는 심리적으로만 끝나는 것이 아니라 행동으로도 나타난다. 호박씨 깐다는 표현이 이면적인 행동을 나타내는 표현이라면, 타인의 시선을 즐기고 때로는 적극적으로 그들의 평가에 관심을 두는 행위는 겉으로 드러난 모습이다. 실제 우리는 다른 사람의 평가에 매우 예민하게 굴 때가 많다. 자기에 대한 평가에만 예민한 것이 아니다. 자신이 속한 한솥밥의 영역, 작게는 가족 크게는 국가에 대한 평가에도 민감하게 반응한다. 예를 들어서 누군가 대한민국에 대해 무슨 이야기를 하면 신경을 곤두세우고 듣는다. 타고르가 조선을 '동방의 등불'이라고 이야기했다는데, 사실 타고르가 조선에 대해 얼마나 알고 있었는지 또 얼마나 진지하게 조선을 생각했는지에 대해서는 그다지 관심 없다. 그저 그 말이 우리에게 우호적이면 우호적이 된다. 이게 한국인의 (이성적 논리적이지 않은) 촉각적 문화가 외부적 평가와 결부되어 생기는 현상이다.

겉과 속을 구분하고 타인에게 보여주기 위해서 준비하는 것이 겉이라면, 이런 습성은 겉모습에 대한 집착으로 나타난다. 이것이 현실적으로 나타난 것이 외모지상주의다. 외국인에게 한국 여성들은 모두 성형수술을 한다는 주장이 나돌 정도다. 아닌 게 아니라 주위에서 성형수술을 한 사람들이 적지 않다. 눈이나 코를 건드리는 정도는 일도 아니다. 그런데 이는 여자들만의 문제가 아니다. 한 신문기사에 따르면 2015년 우리나라 남자들의 화장품 구매액이 세계 1위였는데, 2위인 스웨덴 구매액의 4배가 넘었다고 한다. 또 한국 남성 1명당 피부 관련 제품 구입액은 역시 11.3달러로 2위인 덴마크 4.7달러보다 2배 이상 높게 나타났다. 물론 살아가면서 남의 눈을 전혀 의식하지 않을 수는 없다. 외모에 신경을 써야 취직도 하고 결혼도 하고 하니까. 그런데, 그 정도가 심하다면 문제가 될 수밖에 없다. 아무려나 끊임없이 자신의 겉모습에 집착하고 타인의 평가에 집착하는 것은 일차적으로 주거문화가 배양한 습성이다.

사실 서양의 모델을 보면 그들이 예쁘다거나 잘 생겼다는 느낌이 들지 않는다. 오히려 못생긴 편이라고 해야 한다. 그러나 그 모델들의 당당함에 내가 주눅이 든다. 성형에 중독이 된 사람들은 자신을 사랑하지 못해 끊임없이 얼굴을 수술대에 올리지만, 유럽에서 모델의 이미지를 보면 그들은 자신을 정말 사랑한다는 생각이 들기도 한다. 우리나라 사람들이 행복하지 못한 이유는 여기에 있지 않을까. 안과 밖이 같다면 우리는 굳이 타인의 시선에 크게 신경 쓸 필요가 없고 그들의 평가에 내가 지나치게 신경 쓸 일도 없다. 그런데 우리는 끊임없이 타인의 눈에 신경을 쓴다. 한솥밥 안에서 끊임없이 경쟁이 일어나는 까닭이다. 한국인은 만족감이 내부가 아니라 외부에서 오는 경향이 강하다. 이는 한옥의 구조에서 나온 불가피한 현상이다. 집의 안과 밖이 다르고, 공동생활을 해야 했기 때문이다. 한옥에 혼자 있겠다는 것은 애초에 가능하지 않았다. 기껏 찾아갈 수 있는 곳이 다락이고, 장독대였다. 한국인이 차라리 집단주의적이라면, 나름대로 공동의 가치를 추구하면서 살 수 있을 것이다. 그렇다면 지금보다 행복할 수 있지 않았을까. 한국인은 집단의 가치에 '나'를 맞출 수가 없다. 그래서 밀도 높은 생활공간에서 우리는 주변 사람들에게 말한다. 빨리빨리. 나를 위해서 스탠바이 좀 해줘!

성형에 대한 집착은 좀 더 깊은 차원의 문제와 결부되어 있을 수 있다. 물질생활이 집단무의식으로 남을 수 있다는 페르낭 브로델의 생각을 받아들이면, 성형에 대한 우리의 심리적 현상이 집단 무의식의 일종일 수도 있다는 말이다. 그렇다면, 이는 개인적인 문제가 아니라 정말 한국인 우리의 문제다. 성형으로 끊임없이 변하는 나의 겉모습은 나의 속 모습과 심각한 부조화를 이룰 수 있다. 속에 있는 나는 점점 왜소해지고 겉으로 드러나는 나는 점점 화려해지기 때문이다. 물질만능 시대, 한국인의 겉모습은 장식화 되기 쉽다. 40살이 넘으면 자신의 얼굴을 책임져야 한다는 말은 겉모습에 인격이 담긴다는 뜻이다. 자신이 끊임없이 닦아온 내적인 가치가 어느 시점에 겉으로 드러나는 것인데, 이제 자기 수양은 점점 무의미해지고 있다. 성형수술이 사람의 인상을 확 바꾸어버린다. 결국 겉과 속이 일치하는 것이 아니라 속의 나는 사라지고 겉의 나만 남는 것이다. 정체성이 붕괴되는 일도 발생할 수 있을 것이다. 그러지 않기를 바랄 뿐이다.

우리는 왜 등산복을 좋아할까?°

　　　등산복이 과거에 입던 단순한 운동복
과 달리 고급화되면서 집에서 편하게 입는 일상복으로
쓰면서 동시에 외출복으로도 쓸 수 있게 되었다. 고급
등산복이 우리에게 인기를 끄는 이유다. 고급 등산복의
출현은 한국인의 일상생활이 변하고 있음을 보여주는
현상 중 하나이기도 하다. 한국인의 주거문화가 좌식에
서 입식으로 옮겨가면서, 거기에 맞는 옷이 필요했는데,
때마침 고급 등산복이 나와 그 몫을 담당한 것이다. 편
리함을 중시하는 한국인에게 고급 등산복은 절묘한 답
이었다. 고급등산복은 결코 값싸지 않다는 점에서 충분
히 외출복으로서의 자격도 있었다.

　　외국에 나가는 한국인이 등산복을 많이 입다보니 외
국에서 문제가 생긴다는 말이 들린다. 한국인의 문화를
이해 못한다면, 충분히 그럴 수도 있을 것 같다. 한국인
은 등산복을 입은 채 사찰을 방문해서 예불을 들이기도
한다. 그런 면에서 보면, 외국인이 한국인의 등산복에
시비를 거는 것은 편견이다. 스티브 잡스는 청바지를 입
고 전 세계에 프레젠테이션을 하지 않았는가. 편견이라
고 따질 수야 있지만, 문화의 차이는 명확하게 구분해야
한다. 한국과 달리 용도에 따라 공간을 구분하는 문화
라면, 장소에 따라서 옷이 정해지기 쉽다. 그런 경우 침

실에서 입어야 할 잠옷을 입고 슈퍼에 가면 안 된다. 그래서 파티에 갈 때 입는 옷, 장례식에 갈 때 입는 옷, 성당에 갈 때 입는 옷에 차이가 날 수 있다. 그러나 우리에게는 이런 문화가 잘 안 맞다. 우리에게 옷은 속옷과 겉옷, 그리고 이것이 확대된 일상복과 외출복으로 나뉜다. 필자도 양복 하나로 모든 외부 행사를 감당하던 때도 있었다. 검정색 계통 양복 한 벌이면, 대한민국 어떤 곳에서도 문제가 되지 않았다. 심지어 등산을 해도 시비를 걸지 않았다. 유시민 씨가 처음 국회에 등원했을 때 비난을 받았던 것은 그가 외출복이 아니라 일상복을 입고 나왔다는 인상을 주었기 때문이다. 국회의원에게는 정장차림의 양복이 외출복인 셈이다. 외국에서 한국인이 등산복을 입고 다니는 것이 마땅치 않은 것은 장소에 따라 옷을 구별하는 문화가 있기 때문일 것이다.

우리는 왜 자가용에 선팅을 할까?°

보기에 따라서는 선팅한 차가 더 고급스러워 보이는 것 같기도 하다. 그리고 최근에는 햇빛을 가려주는 기능성 필름이 나오면서 자외선 차단도 된다고 한다. 그런데, 자외선 차단 기능이 있기 전에도 운전자들은 선팅을 광범위하게 했다. 법적으로 허용하지 않앉고 정부는 때로 단속 경고도 했지만, 선팅에 대한 집착은 줄어들지 않았다. 왜 이렇게까지 선팅을 할까? 선팅을 말하기 전에 범퍼 이야기부터 해야겠다. 한국인은 자동차 범퍼가 좀 긁혔다고 범퍼를 갈겠다고 나서는 사람이 많다. 이런 행태가 외국사람 눈에는 좀 특이한 것이라고 한다. 범퍼는 말 그대로 충돌했을 때 차와 사람을 지키는 안전판 구실을 한다. 실제 차에서 상처가 가장 잘 나는 곳이 범퍼다. 그래서 범퍼에 난 어느 정도의 상처는 범퍼가 제 기능을 잘하고 있음을 보여주는 것이고, 굳이 그걸 갈아야 할 필요가 없다. 그러나 한국인은 그것을 용납하지 못한다. 물론 당사자가 아주 이기적인 사람이어서 그럴 수도 있겠지만, 범퍼에 상처난 걸 참지 못하는 것이 한국인의 기본 성품일 수도 있다. 외출한다는 이유만으로도 집에서 입던 옷을 갈아입고 나가는 것이 한국인의 생활습성이기 때문이다. 자동차는 늘 외부에 노출되는 것이어서 옷을 깔끔하게 입으려는 마음과 크게 다르지 않아 보인다. 안팎이 다른 우리 생활이 그대로 드러나 서로를 힘들게 하는 습성이다. 여기서 한 발 더 나아가 차 자체에 안과 밖을 만들려는 시도가 선팅이다. 선팅은 안팎을 나누려는 심리의 결과로 나타난 것으로 볼 수 있다. 나를 가리려고 하는 행위가 우리에게는 거의 본능적이라고 할 수 있다. 안과 밖이 다른 한국인에게 안팎을 나누려는 행위는 자연스럽다.

한국인은 서로 한솥밥으로 묶이기를 좋아하는데, 차를 외부에서 보지 못하게 하고 꼭꼭 숨는 이유는 무엇일까. 공동생활 속에 숨은 개인주의가 아파트를 통해서 조금씩 밖으로 나온 것으로 보인다. 한국인의 개인주의를 특히 가속화시킨 것이 마이카 문화다. 자가용이 대중적으로 보급되기 전까지 우리의 생활은 늘 이웃과 함께였다. 자가용이 대대적으로 보급되기 전까지는 아파트 단지 마당에 나와서 돗자리를 깔고 이웃들이 함께 시간을 보내고는 했다. 그런데, 어느 순간 아파트 단지 마당을 자가용이 뒤덮으며 우리는 이웃과 멀어지기 시작했다. 이웃은 서로서로를 낯설어하기 시작했다. 선팅은 이 낯섦을 해소해주는 매우 고마운 도구였다. 어쩌면 마이카 문화는 한솥밥 문화를 해체하는 첨병이었는지도 모르겠다. 개인적인 공간으로 자리 잡은 승용차는 집을 통해 만들어낸 '우리'라는 문화를 무너뜨리고 있는 중이다. 선팅은 그런 변화에 가속을 붙여서 '우리'를 '나'로 변화시키고 있다.

14장

언어와 교육

엿듣기 어려운 한국어

철학자 비트겐슈타인은 언어는 그 언어 세계에 살고 있는 사람들의 다양한 삶의 형식을 담고 있다고 주장한다. 이를테면 기와라는 단어는 실제 기와와 일대일 관계로만 쓰이는 것은 아니다. 기와장이가 지붕에서 아래를 보면서 "기와!"라고 소리치면 기와를 '던져'라는 뜻이 될 수 있다. 그러나 지붕에서 다급하게 "기와!"라고 소리치면, 기와가 떨어지니 '빨리 피해'라는 뜻이 될 수도 있다. 아이가 어머니에게 "밥!" 하면 '배고파!'라는 말이 될 수도 있다. 이처럼 같은 단어가 상황에 따라서 다른 의미로 쓰이게 된다. 비트겐슈타인의 말에 따르면 언어가 사람의 생활에 영향을 받을 수 있다는 것을 짐작할 수 있다.

이미 누누이 언급했지만, 한국인은 주거문화 때문에 상황 중심적으로 살 수밖에 없었다. 그런 삶을 담아낸 한국어 역시 상황중심 언어다. 흐름이 중요한 우리나라 문화에서 문장의 주어는 크게 중요하지 않아서 주어 없이 말하는 경우가 많다. 주어뿐이 아니다. 문맥이나 이야기가 진행되는 상황에서 이해만 되면 그게 무엇이든 많은 것을 과감하게 생략한다. 그냥 '갔어?'라는 물음을 던지면, 한국인은 누가 언제 어디로 어떻게 갔는지 육하원칙에 따라 대답할 수 있다. '갔어?'라는 단어에 상황의 모든 것이 들어가 있는 것이다. 이런 언어습관은 한국인의 주거생활과 매우 유사하다. 우리는 좌식생활을 하면서, 공간의 쓰임이 시간에 따라서 계속 변한다. 즉 우리에게 상황은 공간적으로 확정되어 있는 것이 아니라 시간의 흐름 속에서 벌어진다. 밤에는 이불을 깔고 눕지만, 아침이 되면 이불을 모두 개서 치우고, 그 자리에 밥상을 들여와 밥상을 중심으로 가족이 둘러앉는 상황이 만들어진다. 그래서 상황은 확정된 것이 아니라 흐름 속에 있다. 앞에서도 말했지만, 엄마가 아들에게 "거시기가 거시기 가서 거시기 가져 오거라!" 하면 엄마와 함께 생활하는 아들은 이 말의 의미를 정확하게 알아듣는다. 그런데 이 상황을 모르는 다른 사람은 도무지 끼어들 여지가 없다. 상황 중심 언어의 진수를 보여주는 것이 《흥부전》이다. 아이 밴 계집 배 차기, 자친 밥에 돌 퍼붓기, 호박에 말뚝 박기. 흥부전에서 놀부의 성품은 오로지 사건의 상황을 통해서 설명된다.

아랫목은 늘 아버지 자리가 아니다. 아버지가 없을 때는 큰 형이나 삼촌이 그 자리를 차지할 수도 있다. 이 말은 그 자리에 누웠다고 아버지가 되는 건 아니라는 뜻이다. 다른 나라에서는 침대처럼 자기 자리가 특정된다. 그러나 한옥에서는 자리가 그 사람을 특정해주지 못하기 때문에 호칭이 발달했다. 상황에 따라 그 사람을 지칭해야 하기 때문이다.

나이를 묻는다는 것은 나와 상대방의 위치를 확인하는 과정이다. 그러나 나이를 먼저 묻지 않고, 고향이나 직업 묻기가 선행된다. 이는 상대방을 한솥밥으로 묶을 수 있을지 확인하는 과정이고, 나이를 묻는 것은 제일 마지막 단계로 서로의 위계를 정하려는 시도다. 우리는 사람을 평등하게 대하는 일에 미숙하다. 즉 사람과 사람을 평등하게 설정하고 관계를 만드는 것이 아니라 일단 서열을 정하려고 한다. 물론 여기에 가장 큰 기여를 한 것은 언어다. 존댓말이 있기 때문에 서열을 확인해서 어떤 말을 써야 할지 결정한다. 그래서 우리는 서로에게 평등하기가 어렵다. 나이를 묻는 두 번째 이유는 편리함과도 관계된다. 일단 서로의 순위가 정해지면 모든 것은 자동적으로 해결된다. 아랫목도 연장자의 차지가 된다. 다른 나라는 대개 처음부터 자신의 자리가 정해져 있다.

자신만의 침대가 있고 자신만의 의자가 있다. 그러나 우리는 그렇지 않다. 구들방의 어느 지점을 특정해서 내 것으로 주장할 수 없다. 집 안에서의 상황은 계속 바뀐다. 자신의 위치가 하나로 확정될 수 없다. 식사할 때, 쉴 때, 잠잘 때, 모두 위치가 바뀔 수밖에 없다. 그래서 그 사람이 차지한 자리가 늘 그 사람과 하나가 될 수 없다. 따뜻한 아랫목에 서열 1위가 앉는다고 해도, 그 사람이 없다면 다른 사람이 아랫목을 차지할 테니 아랫목을 차지한 사람은 바뀔 수 있고, 그 자리가 서열 1위를 확정해주지도 않는다. 즉 우리에게 자리라는 것은 상대적이지 절대적이지 않다. 지하철에서 비슷한 상황이 발생한다. 우리는 지하철이나 버스를 타면, 경로석이나 노약자석 임신부석이 비어 있으면 자연스럽게 앉았다. 경로석은 노인이 앉는 자리지만, 노인이 없으면 내가 앉아도 되는 것이다. 그걸 일종의 순위로 받아들인다. 그러면, 노인이 지금 없으니 내가 앉아도 문제가 없다. 그런데 다른 나라의 경우에는 노약자석이 비어 있어도 앉지 않는다. 그 자리가 경로석이나 노약자석으로 지정되는 순간 자신의 자리가 될 수 없다고 확정적으로 결정된다. 최근에는 한국에서도 노약자석이 비어져 있는 경우가 많아지고 있다. 이건 아랫목 문화, 상황에 따라서 앉는 사람이 바뀌는 불확정문화가 약화되었기 때문이다.

내가 이상현이라는 고유 명사의 존재라는 것은 상대

적으로 중요하지 않다. 누가 나를 어떻게 불러주는가가 한국인에게는 더 중요하다. 그래서 아버지만큼이나 사장님이 많은 나라다.

반말하는 아이들°

요즘 아이들은 어른에게 반말을 하는 일이 익숙해 보인다. 가까운 후배의 딸아이가 곧 귀가할 어머니를 위하여 자신이 처음으로 음식을 손수 차려놓고, 어머니가 들어오기 전에 외출을 하면서 남긴 편지를 그대로 옮겨본다.

짜잔! 열심히 일하는 엄마를 위하여 준비 했지롱! 정성들여 한 거니까 맛있게 먹고, 계란 후라인 처음 만들었는데 어떨까 모르겠네. 난 만화책 사러 홈플 다녀온당! 빈 그릇이 되어 있기를 바래.

표현으로만 보면, 엄마가 딸에게 쓴 글로 생각이 들 정도로 하대가 심하다. 이런 상황을 어떻게 받아들여야 할까. 사람에 따라서는 요즘 아이들이 버르장머리가 없다고 비난을 쏟아 붓기도 하는데, 이는 꼭 아이의 버르장머리와만 관계되는 건 아니다. 오히려 아이가 존댓말을 쓰기에는 주변의 상황이 과거와 너무 많이 달라졌다. 우리말에는 존댓말이 발달했는데, 대체로 좌식문화가 발달한 나라에서 존댓말이 발달했다는 점을 눈여겨볼 필요가 있다. 좌식생활을 하는 중동지역에는 특히 여자가 남자를 존대하는 언어가 발달했다. 발달 정도에 차이가 있지만, 존댓말이 주거문화의 영향을 받았을 가능성이 보인다. 실제 일본, 한국, 자바 등 대우법이 발달한 나라에는 대부분 좌식문화의 전통이 있다. 한국은 많은 분야에서 중국의 영향을 받았지만, 말에 관한 한 중국에는 대우법이 없다는 점에서도 확인된다. 입식 생활을 할 때에는 자기보다 지위가 높은 이에게 무릎을 꿇어 자신의 위치를 낮추어 보일 수 있다. 그런데 모두가 앉는 좌식문화에서는 자신의 몸을 더 낮추기가 쉽지 않다. 좌식문화에서는 아랫사람이 물리적으로 더 높은 자리를 차지하는 경우가 많을 수밖에 없다. 물리적인 높이가 심리적인 높이를 결정할 수도 있다는 점에서 앉은 사람과 선 사람의 위계를 잡는 것은 생각보다 쉬운 일이 아니다. 물리적으로 자신보다 한창 아래 있는 사람에게 존경심을 표할 방법이 많지 않다. 이를 언어적으로 보완하기 위해 나타난 것이 존댓말일 수 있다. 한국인의 좌식문화는 아주 오래된 것이어서 존댓말이 발전할 수밖에 없는 토양이었다. 그리고 어른을 만나면 온몸을 낮추어 인사하는 큰절도 이와 무관하지 않아 보인다.

대한민국은 이제 좌식문화에서 입식문화로 넘어가고 있다. 만약에 입식과 좌식이 언어습관에 영향을 준다면, 이미 한국의 언어습관은 일정한 영향을 받기 시작했을 것으로 보인다. 대부분의 집에서 아이들은 침대생활을 한다. 의자에 앉아 식사를 하고, 의자에 앉아 공부한다. 좌식생활을 하는 곳에서 대우법이 더 발달했다고 하면, 아이들이 부모에게 존대를 하지 않는 현재 상황은 유학 儒學의 위세가 떨어지고 아이들이 버릇이 없는 것도 이유가 될 수 있겠지만, 주거문화 자체가 좌식에서 입식으로 옮겨가면서 생긴 것은 아닌지 주의 깊게 살펴볼 필요가 있다. 아랫목 문화가 없어지면서 집에서의 규율도 점차 약화되고 있다. 그런 관점에서 보면 상황중심 언어로 대우법이 발달한 한국어가 새로운 변신을 시도하는 중이다.

존댓말은 단순히 말에서 끝나는 것이 아니라 사람의 행동을 통제하는 이데올로기로 작동한다. 말을 높이는 쪽과 내리는 쪽의 입장이 전혀 다른 입장에 설 수밖에 없다. 우리에게 토론 문화가 정착되지 못한 가장 큰 이유 중 하나가 존댓말이다. 그런 점에서는 아이들이 입식생활을 하면서, 대우법의 가치가 줄어들고 있는 것이 바람직할 수도 있다. 실제 요즘 아이들은 부모의 호칭에 존칭을 넣기보다 좀 더 중립적인 호칭을 쓴다. 아빠, 엄마. 다 큰 아이들이 부모를 그렇게 부른다. 이는 변화된 주거문화가 낳은 결과라고 할 수 있다. 또 가족의 범위가 작아지고 가족 수가 적어지면서 호칭 역시 옛날만큼 중요하지 않다. 가족마다 자신의 침대를 특정해서 확보하고 있다. 게다가 입식생활이 일반화되면서, 심리적으로 안과 밖을 구분하여 다르게 행동하려는 경향도 적어지고 있다. 그래서 옛날 사람보다 속을 감출 의향이 적어진 아이들은 어른들에게 제 할 말을 다 하는 경향이 있다. 아이들은 이제 더 이상 자신을 숨기려 하지 않는다. 그래서 젊은이들은 옛날과 달리 개방적이고 외향적이라고 할 수 있다. 아이들이 버르장머리가 없어진 것이 아니라 주거문화가 바뀌고 있는 것이다.

가치보다는 자리°

우리는 흐름을 잘 탄다. 이 말은 우리가 새로운 흐름을 만들기보다 기존에 있는 흐름에 자신을 싣는다는 의미다. 어떤 상황에 잘 적응한다는 것은 역설적으로 창의적이지 못하다는 말이기도 하다. 한국인의 창의성은 특허보다는 실용신안에 가깝다. 요즘은 자주 외부 강연을 나간다. 최근 경험으로 재미있었던 강의는 전통건축과 현대건축에 대한 강의를 하고, 전통건축인 운현궁과 현대건축인 동대문디자인플라자DDP를 방문한

일이다. 운현궁이 주변의 흐름을 타는 건축이라면, DDP
는 흐름을 만드는 건축이다. 강의를 들었던 사람들은 전
통건축에 상대적으로 관심이 많았는데, 동대문 역사의
전통을 담지 못했다며 DDP건물 평가에 인색했다. 그러
나 현대건축에서는 흐름을 만드는 것이 중요하다. 흐름
을 타는 것이 현실적이고 촉각적인 재능이라면, 새로운
흐름을 만드는 것은 창의적 직관과 이성적인 논리가 뒷
받침되어야 한다.

이런 관점은 교육에서도 중요하다. 학생들은 도서관
에서 모두 수험서를 잡고 씨름한다. 학문을 통해서 새롭
고 창의적인 세상을 만들기보다 이미 만들어진 흐름 속
에서 살아갈 궁리를 한다. 판검사라는 직업이 여전히 우
리에게는 최상의 직업인 것도 그것이 만든 확고한 흐름
때문이다. 기존의 흐름 속에 들어가는 것이 목적이라면
우리에게 지식은 창의적일 필요가 없다. 많은 학원과 교
습소가 있지만 이들이 학생들의 창의성에 크게 노력을
기울이지 않는다. 그건 학원의 문제이기보다 학부모가
그걸 원하기 때문이다. 상상력이라는 것은 사실 갇혀 있
는 사고에서 탈출하는 것인데, 한국 사회에서는 갇혀 있
는 사고에서 탈출하는 순간 그는 이미 사회 흐름에서 일
탈하는 결과가 된다. 한국에서는 일단 흐름에서 일탈하
면 다시 사회로 복귀하기가 힘들다. 그래서 사회에서 완
전히 벗어난, 그러니까 복귀를 받아주지 않는 사회에서

완전히 떨어져나간, 일탈된 삶을 살아가게 될 가능성이 많다. 그래서 우리에게 삶이란 이미 주어진 흐름 속에서 잘 먹고 잘 사는 것으로 받아들여진다. 판검사가 되는 것이 중요하지, 그가 사회에 어떤 가치를 제시하는지는 중요하지 않다.

창의적이지 않은 교육 왜 그럴까?

2016년 7월 쯤 현각 스님으로 일반에게 잘 알려진 푸른 눈의 승려가 폭탄선언을 했다. "돈만 밝히는 한국불교를 떠나겠다." 그는 한국 불교의 기복 신앙에 실망한 기색이 역력했다. 필자는 그 기사를 보면서 엉뚱하게도 빈센트 반 고흐를 생각했다. 고흐는 한국인이 제일 좋아하는 화가다. 그의 독특함 삶의 이미지가 그렇게 만들기도 했지만, 그의 그림 자체가 우리 민족성과 잘 맞기도 하다. 고흐는 그리는 대상과의 호흡을 통해 느낀 감정, 우리 식으로 말하면 흥을 잘 그려냈다. 대상과 함께 길게 호흡하면서 길게 붓질한 〈별이 빛나는 밤〉은 한국인이 결코 미워할 수 없는 그림이다. 그의 감성을 흥이라고 하면, 아마 이것이 우리 국민이 그를 좋아하는 가장 큰 이유일 것이다.

고흐의 그림은 고갱의 것과 함께 보면 그 특징이 도

드라진다. 고흐가 귀를 자르는 사건이 있기 얼마 전, 프랑스 남부의 한 마을에 머물던 두 화가는 오래된 공동묘지인 '알리스 캉'을 각자의 화폭에 담아냈다. 똑같은 대상을 그렸지만, 두 그림은 전혀 다르다. 느낌만 다른 것이 아니라 그림 자체 즉 그림에 표현된 대상 자체가 완전히 다르다. 고갱은 눈앞의 대상을 상상력을 통해 실제 모습과 전혀 다르게 그렸고, 고흐는 대상에서 느낀 즉흥적인 감흥을 비교적 사실적으로 그렸다. 고흐의 그림은 현장의 흥을 잘 잡아내는 김홍도의 그림과 유사하다. 현장의 흥에 익숙한 고흐는 상상력만으로 그린 그림이 없다. 스스로 이런 고백을 할 정도다. "모델 없이는 그릴 수 없어. 색은… 바꾸면 되지만, 형태는 그게 안 돼!"

유럽의 화가들은 대개 고흐보다 고갱에 가깝다. 대상이 아닌 논리적 직관을 따르는 전통 때문이다. 사각형 하나를 그려놓고 그림이라고 우기는 말레비치가 나올 수 있었던 배경이다. 그런 눈으로 보면 유럽에서 고흐의 그림은 돌연한 것이고, 상상력이라는 점에서 보면 세계에서 우리 처지가 그렇다. 많은 사람이 논리와 상상력을 대척점에 놓지만, 사실 논리와 상상력은 동전의 양면이다. 인류 역사에서 가장 뛰어난 상상력의 소유자가 아인슈타인이 아니던가? 어떤 가능성을 직관적으로 파악하고, 이를 논리적으로 추론해내는 힘이 상상력이다. 유의미한 상상력은 논리적 추론이 뒷받침돼야 한다. 과학은 물

그때 그 한국인

론 윤리도 여기에서 출발한다. 평등과 자유는 세상에 원래 있던 것이 아니다. 이 모든 것이 인간 상상력의 소산이다.

안타깝게 우리는 상상하는 법을 제대로 배우지 못했다. 당장 배워서 문제를 풀어야 하는 교육, 출세를 위해 학문을 하는 유구한 전통의 교육 역사에 상상력이 깃들 여백은 없어 보인다. 기복신앙은 불교만의 문제가 아니다. 나아가 종교만의 문제도 아니다. 우리에게는 자식을 교회에 보내는 이유가 자식을 학교에 보내고 학원에 보내는 이유와 크게 다르지 않다.

논리적 직관이 중요한 상상력은 타인과의 경쟁이 아니라 스스로의 사유에서 나온다. 무엇보다 교육은 그래야 따뜻해진다. 이게 안 되면, 지식을 쌓을수록 얼음처럼 차가워진다.

상황 적응 능력이 뛰어난 우리가 새로운 흐름을 만들기 어렵다고 했는데, 이는 기본적으로 기존의 흐름을 중시하는 한솥밥 문화와도 관계있다. 세계의 흐름을 읽고 여기에 대응하려면, 합리적이고 이성적인 판단이 필요한데 거기에 무력할 수밖에 없다. 이를 바로잡으려면 교육제도가 합리적 사유능력을 키우는 방향으로 바뀌어야 하지만, 쉽지 않다. 누누이 많은 사람들이 지적하지만, 그렇게 고쳐지지 않는 것도 교육을 담당하는 사람들이 당장에 눈앞에 보이는 상황들을 쫓아가기 때문인데, 이게 한국인의 습성이어서 문제다. 교육은 장기적이고 체계적인 비전을 가지고 움직여야 하는데, 여기에 창의력을 보일 수 없는 상황이 반복되는 것이다. 실제 우리가 세계적으로 창의적인 일을 하는 경우는 그다지 없다. 누군가 해놓은 것을 흉내 내는 데에는 타의 추종을 불허하지만, 미국에서 벌어지는 창의적인 일들이 한국에서는 좀처럼 벌어지지 않는다. 아이폰을 만들어 놓으면 거기에 갤럭시 폰을 가져가 놀기는 잘 놀지만, 아이폰을 만드는 상상력이 부족하다. 벽에서 고흐의 그림을 떼어내고 고갱의 그림을 거는 것은 어떨까. 미래를 살아갈 아이들을 위하여.

15장

노블레스 오블리주가
불가능한 한국인

의무를 폐기하는 권력

한국인은 규칙을 잘 안 지킨다. 멀쩡하게 생긴 사람들이 빙과류 봉지를 까서 내용물을 입에 넣고 빈 봉지를 천연덕스럽게 길바닥에 버린다. 때로 그 사람들은 자신이 무언가를 버린다는 것을 인지하지 못하는 경우도 있는 듯하다. 그래서 버리는 행위가 아주 자연스럽다. 우리가 규칙을 안 지키는 것은 사실 지난 시절 계급 사회의 전통이기도 하다. 전통적으로 양반은 특권층으로 사회 유지를 위한 의무에서 다양한 명목으로 빠져나가 특혜를 누렸다. 서원이 독버섯처럼 전국에 번진데에는 각종 특혜를 누리기 위한 목적도 있었다. 양반들은 자신들에게 주어지는 의무에서 벗어나기 위해서 서원을 세우고 조정에서 사액을 받아내려 애썼다. 조정의 인정을 받으면 면세 면역의 특권을 누릴 수 있었다. 때로는 남편을 일찍 여읜 며느리가 열녀가 되기를 희망하기도 했다. 오죽하면, 병자호란 때 청나라로 잡혀갔던 부녀자들이 집으로 돌아오자 집에서는 부녀자를 가족으로 받아들이기를 거부했을까. 그래서 부녀자들은 자결을 하기도 하고 기녀가 되기도 했다.

이는 '우리' 문화가 가진 폭력성이라고 할 수도 있다. 일본에 정신대로 끌려갔던 조선의 딸들에게 우리가 처음 보여주었던 심리현상도 여기서 멀지 않다. 피해자를 위해 가해자와 싸우기보다 '그게 뭐 자랑할 일이라고 떠드느냐'는 사람이 없지 않았다. 외부와의 문제를 한솥밥 문화로 바꾸어 버리는 것이다. 그것을 돌파하고 지금까지 문제를 놓치지 않고 끌고 온 정신대 할머니들이 위대한 이유다. 그건 한국의 역사에서 보기 힘든 장면이다.

집안에서 열녀가 나오면 남아 있는 사람들은 그만큼 혜택을 받았다. 우리에게 권리와 의무는 등가적으로 작동하지 않았다. 나의 권리나 의무와 무관한 누군가의 희생을 통해 내가 권리를 챙기는 문화였다. 이 부분이 민주주의의 전통을 세운 그리스나 봉건제를 통해 유지된 유럽 문화와 다르다. 그리스나 유럽의 경우 권리는 모두 의무를 수반한다. 군인으로 의무를 다한 평민들이 국정에 참여한 그리스의 전통이 우리나라에는 없다. 나라를 위해 의무를 다한다는 것은 그 사람의 지위가 낮다는 의미로 통한 것이 조선의 역사였다. 지금이라고 다르지 않다. 우리 전통에서 권리는 의무를 폐기하는 권력이었다. 우리 사회가 자꾸 폭력적이 되는 까닭이다. 이는 당연히 힘 있는 사람들이 규칙을 지키려 하지 않는 것과 관계있다.

정해진 규칙은 없다°

규칙을 지키지 않으려는 한국인의 품성은 주거문화에서도 확인된다. 한옥은 다른 나라 살림집보다 기능에 따라서 공간을 구획하는 문화가 덜 발달했다. 유럽이나 중국처럼 입식생활을 하는 경우 집에서 공간 활용은 비교적 확정적으로 결정된다. 집에 침대를 들여놓으면 침대의 자리는 그 자리에 확정된다. 침대를 새 것으로 바꾸거나 이사를 가지 않는 한 침대의 위치는 확정되고 잠을 잘 때는 그곳으로 가서 눕는다. 식탁도 마찬가지다. 의자를 사용하는 식탁은 덩치가 크기 때문에 항상 같은 자리에 고정된다. 식사할 때 식탁을 옮긴다는 것은 불가능했다. 잘 때마다 침대를 옮기는 것만큼 현실성이 없다. 서서 생활하기 때문에 가구가 모두 높고 크다. 그러니 가구를 움직일 일도 없다. 그러나 우리는 식사할 때마다 밥상이 움직인다. 늘 놓는 자리에 습관처럼 놓겠지만, 그 자리에 다른 물건이 있으면 밥상은 그 옆에 놓일 수 있다. 모든 것이 확정적이지 않다는 점에서 한국인은 매사에 불확정적인 상황에 익숙하다.

어렸을 때는 친구 집에 가서 놀다가 자는 경우도 꽤 많았다. 그래서 친구 집에 갈 때는 "너희 집에 몇 명이 잘 수 있어?" 묻는데, 그러면 친구는 자기 방을 생각하면서 대답한다. 세 명 아니 네 명? 그렇게 말하면서 친구들의 머리수를 눈으로 다시 세면서 말한다. 껴 자면 일곱도 자! 그만큼 우리의 주거문화는 불확정적이다. 3명에서 무려 7명까지 자유자재로 늘었다 줄었다 할 수 있었다. 입식생활에서는 모든 것이 확정적이다. 집에 싱글두 개 트윈 하나가 있다면, 그 집에서 네 명이 잘 수 있다. 그러나 방바닥에서 자는 한옥이라면 이불을 더 깔아 더 많이 잘 수 있고, 또 얼마나 촘촘하게 자느냐에 따라 자는 사람의 수가 달라진다. 물론 잠자리만 그런 것이 아니다. 입식생활을 하는 유럽이라면 모든 공간은 구체적으로 확정된다. 침대가 있던 자리가 다음 날 식탁이 있는 자리로 변할 일이 없다. 그러나 우리는 방 자체의 용도가 시간에 따라 바뀌기 때문에 집의 공간을 기능적으로 분리하여 확정하기가 어렵다. 이렇게 무엇이든 확정되지 않는 것이 한옥의 특징이다. 우리에게 밥상 자리는 그게 그 자리에 놓여야 결정되는 것이지, 그 전에는 결코 확정적으로 결정되지 않는다. 잠자리 역시 마찬가지다. 사람들이 누워야 각자의 잠자리가 확정된다. 다섯 사람이 잘 때와 두 사람이 잘 때 내 잠자리의 몫은 다르다. 아랫목에 앉는 것도 마찬가지다. 그 자리가 누구의 자리로 확정적으로 결정되지 않는다. 아버지가 없는 방에서는 어머니가 아랫목을 차지할 수 있고, 어머니가 없는 방에서는 맏이가 차지할 수 있다. 거꾸로 막내가 그자리를 차지할 수도 있다. 상황에 따라서 모두 달라진다.

255

이처럼 융통성 있게 공간을 활용하는 것이 한옥의 특징
이다. 당연히 정해진 규칙을 지키는 일이 우리에게는 익
숙하지 않다.

융통성 있는 건축, 경계가 없다°

주거생활에서 불확정성이 실내만의 문
제는 아니다. 한국 건축의 지붕선은 주변과의 흐름 속
에서 결정된다. 그런데 지붕선을 결정할 때 고려하는 주
변의 경계가 어디까지인지 확인하기 어렵다. 말하자면,
어디까지를 건축이라고 할지조차 결정하지 못한다. 보
는 사람에 따라서 건축에 개입하는 주변의 경계가 달라
질 수도 있기 때문이다. 한옥에서 이런 문제가 생기는 것
은 마당을 통해서 건축을 인식하는 독특한 건축문화 때
문이다. 마당은 건물이 없는 말하자면 형태 없는 건축
이다. 그래서 경계조차 확정되지 않는다. 한옥에는 규격
화되는 것이 거의 없다. 앞에서 본 것처럼 방에서의 생
활은 계속 바뀐다. 집의 역사도 마찬가지다. 역사적으로
는 집의 형태도 계속 바뀌어 왔다. 건축물 중 살림집은
세월을 타지 않고, 변하지 않는 것이 보편적이다. 때로
는 수천 년 간 그대로인 경우도 있다. 노무현 대통령 당
시 파견된 자이툰 부대가 주둔하던 이라크 에르빌이 그

런 곳이다. 이곳은 메소포타미아 문명이 꽃을 피운 곳으로, 초기 인류가 살던 집 그대로 집을 짓고 사는 곳이다. 4천년 동안 도시를 채운 집의 모습이 거의 변하지 않았다. 건축에도 화석이 있다면, 이곳은 인류 건축의 화석 같은 곳이다. 그러나 한옥은 시대마다 바뀌어왔다. 고려시대 한옥이 다르고 조선시대 한옥이 다르다. 지역에 따라서도 지역에 맞게 변형되어 한옥의 종류는 매우 다양하다. 비근한 예를 하나 들면 부뚜막과 굴뚝의 높이조차 확정되지 않았다. 추운 곳의 굴뚝은 높고, 더운 곳의 굴뚝은 낮거나 아예 없다. 이는 하나의 아궁이에서 난방과 취사를 같이 하면서, 지역에 따라서 취사가 더 중요한 곳은 굴뚝을 낮게 하여 취사에 열을 더 많이 사용할 수 있게 한 것이다. 추워서 난방이 더 중요한 곳이라면 굴뚝을 높게 해서 불을 강하게 고래로 끌어들여야 한다. 이런 변칙은 늘 융통성이라는 이름으로 우리에게 익숙하다. 그리하여 융통성이 때로 사회적 문제를 일으키는 불법으로 드러나기도 한다.

칭찬에 인색한 문화

한옥에서는 공동생활 속에서 일정한 스케줄을 따라 생활하다보니, 서로를 독촉할 수밖에 없었다. 칭찬을 하지 않는 문화는 빨리빨리 문화가 만든 불가피한 현상이다. 전통한옥에서 살던 아이들은 적어도 밥상이 들어오기 전까지는 일어나야 했다. 국민 대다수가 농사를 짓던 옛날 한반도의 아침은 일찍 시작되었다. 때문에 아침잠이 많은 소년소녀들은 일어나는 일이 보통 어려운 일이 아니었다. 아이들은 늦잠을 잔다는 타박을 받으며 하루를 시작했다. 혼내고 혼나는 것이 일상이었다. 안타깝게도 한옥은 끊임없이 지적하고 잔소리하는 구조였다. 방에서 제일 어른의 잔소리가 이어졌다. 종이가 떨어졌으니 치워라. 이불이 떨어질 것 같으니 제대로 두어라. 등등 많은 잔소리가 이어진다. 고부간의 갈등도 여기서 시작했다. 그러나 이제 우리가 사는 집의 구조가 바뀌었다. 과거보다 아버지가 아이들에게 성급하게 비난을 쏟아 붓는 일은 줄어들었다. 아이는 아이 방에서 자고, 어른은 서재나 작업실에서 자기 일을 하면서 더 이상 공동의 스케줄로 사람을 괴롭히는 일이 발생하지 않는다. 몇 천 년 이어져온 우리의 습관이 쉽게 바뀔수는 없겠지만, 주거문화가 바뀌면서 삶의 모습도 조금씩 변화되고 있다.

법은 당신이나 지켜°

매사에 융통성 있게 생활하다보니 우리는 규칙 지키는 것을 매우 싫어한다. 싫어하는 이유는 사람이 악해서가 아니다. 규칙을 지키지 않는 것이 익숙하기 때문이다. 도무지 생활에 정해진 규칙이 없다. 이미 전이문화에서 보았지만, 우리는 공간 이용을 스케줄에 따라서 하는 데, 예를 들어서 어머니가 밥상을 들고 들어올 때 어머니는 아이가 일어나기를 바라고, 아이는 엄마가 너무 빨리 밥상을 들여온다고 생각할 수 있다. 이 부분은 사회생활을 하면서 부딪치는 규칙과 다르다. 가족의 생활은 기숙사의 생활과 다르기 때문에, 몇 시에 정확하게 일어나는 생활이 가능하지 않다. 즉 공동생활을 통일된 규칙으로 풀 수 없다는 것이다. 규칙이 획일적이지 않다 보니, 때로 결정은 힘에 의지해서 결정될 수도 있다. 아버지의 힘이 가족 스케줄 전체에 영향을 줄 수 있다. 하지만, 아버지도 집을 나서면 다시 흐름을 좌지우지 하지 못한다. 아버지는 집 밖에서 다른 아버지 그러니까 권력자의 힘에 의해 좌지우지 당한다. 집에서도 아버지가 나가면, 형이나 누나가 공동생활의 지도자로 다시 나선다. 불확정적인 생활을 끊임없이 확정적으로 만들 필요가 있었고, 확정하는 사람도 계속해서 바뀌었다. 이는 힘 있는 사람에 자신을 동일시하는 문화를 만들었다.

힘이 있기 때문에 단지 그 이유만으로 처벌되지 않아도 국민은 많은 부분을 감수해온 것이다. 이 지점이 의무를 폐기하는 권력과 이어지는 매듭이다.

가족 내의 힘, 그러니까 가장이나 대리가장에 의해 집안의 불확정성은 그때그때 확정된다. 사람이 규칙을 통제하는 것이다. 그래서 사회적으로 힘 있는 사람은 자신이 규칙을 지켜야 하는 처지가 되면 그 상황을 견디지 못해한다. 자존심이 상하는 것이다. 내가 누군지 알아! 라고 목소리를 높이는 건 바로 이때다. 한국에서는 이런 갑질 심리가 어느 특정 권력자만의 심성이 아니라는 점이 문제다. 그래서 아이나 어른이나 사실 같은 심리 상황일 수 있다. 현실적으로 지위가 높으면 당연히 규칙을 지키지 않으려고 한다. 황교안 총리는 기차 플랫폼에 승용차를 몰고 들어가기도 하고, 버스정류장의 차들을 쫓아내고 그 자리에 자신이 탈 승용차를 세우기도 했다. 이때 황교안 총리의 마음은 교통이 뜸한 차도를 무단횡단 하는 사람의 마음과 비슷했을 것이다. 거의 모든 것이 변하고 확정적이지 않은 한옥이 생활에 남긴 좋지 않은 흔적이다.

앞에서 본 것처럼 한국인은 차가 많이 다니지 않는 횡단보도에서는 신호등이 바뀌기를 기다리지 않는다. 나아가 굳이 횡단보도가 아니어도 우리는 도로를 건넌다. 무단횡단이 차량이 다니는 걸 막지 않기 때문이다.

자기가 무단횡단 하는 것이 다른 자동차에 피해를 주지 않는다. 그래서 한국인은 횡단보도로 건너는 규칙을 당연히 지켜야 할 규칙이 아니라, 상황의 불확정성으로 받아들이는 것이다. 이 불확정성을 확정적으로 만드는 것은 길을 건너는 나다. 무단횡단만큼이나 흔히 일어나는 일이 불법주차다. 차를 주차장이 아니라 도로에 함부로 댄다. 그가 보기에 주차를 하고 못하고는 불확정적인 상황이다. 그래서 자기 차를 거기 세울 수 있는 것이다. 차를 대도 다른 차가 다니는데 문제가 없기 때문에 부당한 결정이 아니다. 자신은 길을 막은 것이 아니기 때문에 전혀 문제가 없는 것이다. 무단횡단을 한 사람이나 불법주차를 한 운전자나 그 상황을 규칙이 아니라 불확정성으로 받아들인 것이다. 한국인은 한국인처럼 생활하는 것이 더 합리적이라고 판단한다. 왜냐하면, 우리는 그렇게 살아왔기 때문이다. 횡단보도가 저 멀리 있고, 차가 다니지 않으면 당연히 그냥 건너는 것이 합리적이다. 텅 빈 도로에서 횡단보도를 찾아다니는 것은 사실 비합리적이지 않은가? 그러니까 규칙 위에 우리는 다른 생활원리가 있다. 그건 주거문화에서 만들어진 불확정성원리이다.

한국은 왜 헬조선이 되었는가 °

아이엠에프의 구제 금융을 받기 전 우리나라는 전직이 가장 낮은 나라였다. 이는 한솥밥 문화와 밀접한 관계가 있다. 한국인은 내가 일단 어떤 흐름 속에 들어가면, 손해를 좀 봐도 그 흐름 속에 남아 있으려고 한다. 새로운 흐름 속으로 들어가면, 거기에서 적응하는 시간과 노력이 적지 않기 때문이다. 아예 혼자 다른 흐름을 만들어 독립할 것이 아니라면, 흐름을 바꾸려 하지 않았다. 우리는 애초에 계약문화가 아니고 한솥밥 문화이기 때문에 이런 현상이 일어났다. 그래서 평생직장이라는 말이 가능했다. 그러나 지금은 그렇지 않다. 소위 계약직과 하청이 늘어나면서 평생직장은 옛말이 되었다. 계약직이라면, 노사관계도 깔끔하게 순수한 계약관계로 돌아가야 하는데, 한국인에게는 이 부분이 쉽지 않다. 계약관계지만, 한솥밥 문화가 음성화되면서 끊임없이 계약근로자를 괴롭히게 된다. 실제 정규직과 비정규직은 같은 회사라는 한솥밥으로 묶을 수 있지만, 정규직에게 계약직은 이미 다른 솥을 쓰는 사람이다. 그래서 정규직은 계약직에게 아주 냉정해질 수 있다. 왜냐하면 남이니까. 이들의 행태를 보면 권리가 의무를 폐하는 과거 양반의 행동패턴 그대로다. 여기서 중요한 것은 모든 관계가 계약으로 환원되지 않고 소위 인격적 갑질이

동시에 작동한다는 점이다. 과거 우리와 비교해 서양은 전직이 훨씬 빈번했다. 그래도 그것이 인격적 부당함으로 이어지지 않았던 것은 권리와 의무가 사람들에게 동시에 작동하는 사회이기 때문이다. 노동자는 계약한 노동을 제공할 의무가 있고 이에 대한 권리로 임금을 받을 권리가 생긴다. 사업주는 노동자에게 임금을 제공할 의무가 있고 그래서 계약조건에 맞는 노동을 요구할 권리가 생긴다. 권리와 의무가 동시에 발생하는 것이다. 노동시간, 기술, 용역, 이런 것들만 제공하면 회사가 개인의 사생활 속으로 밀고 들어올 수 없었다. 계약되는 순간 모든 것이 확정되기 때문이다. 그러나 우리는 그렇게 생각하지 않는다. 자기들에게 유리한 형태로 불확정성을 주장한다. 규칙을 지키지 않는 것이 권리라고 믿기 때문이다. 그래서 담배 심부름도 시키고 커피 심부름도 시키고 한다. 요즘은 많이 나아졌다고 하지만, 여전히 사적인 심부름을 시키는 일이 많다. 이 역시 한솥밥 문화가 음성화한 결과로 보인다. 정규직과 비정규직은 마치 사랑채와 행랑채처럼 한 집의 한솥밥으로 엮을 수 있지만 전혀 다른 밥솥이다. 어찌 보면 현재 우리 노사문화는 동서양의 안 좋은 것만을 모아 만든 것 같기도 하다. 한솥밥 문화의 좋은 점과 계약문화의 좋은 점을 동시에 가져가면 좋겠지만, 오히려 안 좋은 점을 모아서 쓰고 있다. 그러니 우리나라는 헬조선이 되고 만 것이다. 신분이 고

착화되고, 거기에 인격적 구속까지 강요한다면, 한국을 지옥이라고 해도 달리 반박할 수 없을 것이다.

갑질이 반복되는 이유°

한옥의 역사에서 민중문화가 강하게 작용했고, 이것이 우리 문화 예술 전반에 큰 영향을 주었다. 내가 양반이 된다는 것은 불평등을 전제한다. 그래서 우리는 모두가 평등한 사회를 꿈꾸지 않는다. 자기만은 특별하게 대접받기를 바라는 마음이 있다. 그래서 한국인의 갑질에는 위아래가 없다. 앞에서 불확정성이 규칙을 어기는 일을 당연하게 만든다고 했는데, 갑질은 거기에서 연유한다. 갑질 사건의 상징이 된 땅콩회항 사건을 보면, 당시 부사장 조현아는 국내 굴지 재벌가의 딸이고, 대한항공의 부사장이었다. 그에게 회사는 한옥의 방바닥 같은 곳이었다. 그래서 자기는 규칙을 어겨도 상관이 없었다. 오히려 그런 걸 막으면 불편했다. 규칙은 한솥밥의 한솥 구실을 하는 조현아인 내가 정하는 것이었다. 만약에 땅콩회항 사건이 10년 전에 일어났다면, 사실 사회적으로 이렇게 큰 문제가 되지는 않았을 것이다. 힘 있는 사람이니까, 좀 심하기는 해도 그럴 수 있다고 국민들은 받아들였을 것이다. 여기서 한 발 더 나아가 "비행기를 돌려서 승무원을 내리게 했다고! 여자가 대단하네. 여장부야!" 그렇게 끝났을지도 모른다. 우리는 누구나 갑이 되고 싶기 때문이다. 조현아 부사장은 아마도 직원들에게 그렇게 말했을 것 같다. "내가 누군지 몰라?" 앞에서도 보았지만, 우리는 배경을 통해 나를 소개하고 소개받는다. 그래서 '내가 누군지 몰라?'라고 물을 때는 자신의 배경에 대해 말하려고 하는 경우가 많다. 내가 아는 사람이 장관이라거나, 내가 아는 사람이 순경이라거나. 우리는 타인을 볼 때도 배경을 본다. 그래서 미국인을 보면 기가 죽는다. 왜냐하면 미국인이 아니라 미국을 보기 때문이다. 가봉 사람을 보면 기죽지 않는다. 왜냐하면 우리는 가봉 사람이 아니라 가봉을 보기 때문이다. 제3세계 국민들이 우리나라에 와서 일하면서 인간적인 대접을 못 받는 것은 쉽게 바꾸기 힘든 한국인의 좋지 못한 습성 때문이다. 한국인은 끊임없이 그들의 출신지를 따질 것이다. 그게 좀 크게 나타난 것이 땅콩회항 사건이다. 조현아 부사장은 단지 그가 부사장이고, 상대방이 직원이기 때문에 그들에게 갑질을 한 것이 아니다. 그 직원들에게는 배경이 없다는 확증이 있었을 것이다. 만약에 직원 중에 대통령의 자녀가 있었다면, 조현아는 함부로 하지 못했을 것이다. 부사장은 한진그룹의 딸이라는 배경 속에서 갑질을 했다. 우리가 어딘가에 끊임없이 줄을 대는 것도 이런 배경을 만들기 위해서다.

265

노블레스 오블리주는 없다°

한국인은 출세를 지향하기 때문에, 능력이 있으면 규칙을 안 지켜도 된다고 생각하는 경향이 강하다. 그렇기 때문에 실제 출세한 사람들은 규칙을 안 지켜도 된다는 믿음이 있다. 과거 대통령이나 각료가 지나가면 차량을 통제했다. 국민은 대체로 거기에 불만이 없었다. 오히려 규칙을 지키지 않는 특권을 누리는 사람을 봤다고 좋아했다. 시민 혁명의 전통이 미약한 것도 원인이겠지만, 규칙에 관한 태도와 특권을 선호하는 한국인의 심성과 무관하지 않다. 이것은 규칙을 깨는 자가 힘 있는 자라는 믿음이 작용한 결과다. 특권이 비판의 대상이 아니라 능력이나 재주로 받아들여지는 것이다. 그래서 한국에서 잘 나가는 사람에게는 서양 개념의 의무가 성립하지 않는다. 오히려 노블레스 오블리주는 한국인에게 낯선 것이다.

노블레스 오블리주가 없는 또 하나의 이유는 정신적 가치를 추구하지 않기 때문이다. 한국인은 촉각적이며 감성적이다. 앞에서 병자호란 때 청나라로 잡혀갔던 부녀자들이 집으로 돌아가지 못했다고 했는데, 그들이 집에서 거부당한 이유는 몸뚱이가 더럽혀졌기 때문이다. 그러나 아우구스티누스는 《신국론》(동서문화사)에서 전혀 다른 해결책을 제시한다. 그는 전쟁 통에 성적 피해를 입은 여인에 대해 "정신으로 육체를 깨끗하게 해야 한다. 자기 의지에 흔들림이 없다면, 타인이 육체에 대해서 무슨 일을 하든 피해자에게 책임이 없다."고 적고 있다. 오늘날에도 노블레스 오블리주는 정신적 가치를 기반으로 한다. 최연구 씨가 쓴 한국일보 칼럼(2017년 2월 25일)에는 재미있는 비교가 있다. 각국의 중산층 기준을 비교한 것인데, OECD 기준으로 중산층은 소득 순으로 나열했을 때 가운데 집단을 말한다. 그러나 프랑스나 영국 등 문화선진국은 좀 다른 기준을 채택하고 있다. 영국의 중산층 기준은 페어플레이를 하고, 자기주장과 신념이 있고, 강자에 대응해 약자를 두둔하고, 불의에 의연히 대처하는 것 등이다. 반면 우리나라 중산층은 오로지 경제적 기준에 의해 정해진다. 요즘 나도는 금수저 흙수저도 모두 경제적 기준이라는 점에서 우리에게 경제는 매우 중요한 삶의 기준이다. 한국인이 매우 세속적이라는 걸 알 수 있다. 삶의 기준이 오로지 경제인 사회에서 노블레스 오블리주를 기대하는 것은 쉽지 않다.

노블레스 오블리주가 어디에서 출발하는지를 확인할 수 있는 예를 우리는 1952년 노벨평화상을 수상한 슈바이처의 전기를 통해서 확인할 수 있다. 슈바이처는 어느 날 머리맡으로 쏟아지는 아침햇살과 교회 종소리에서 벅찬 행복감을 느꼈다고 한다. 그는 아직 젊었지만, 이렇게 큰 행복을 자기만의 것으로 여겨서는 안 된다고 생각했고, 큰 결심을 한다. 서른 살까지 학문과 예술을 하고, 이후에는 인류를 위해 헌신하기로. 학문과 예술을 하면서 마치 타인을 위하는 것처럼 생각하는 사람도 많은데, 그는 학문과 예술은 자기를 위한 것으로 생각했다. 그리고 그와는 별개로 인류를 위해 헌신하기로 한 것이다. 자기가 느끼는 벅찬 행복을, 자기의 테두리 밖에 있는 이들과 나누겠다고 생각한 것이다. 이렇게 한솥밥 문화가 깨질 때 우리는 노블레스 오블리주를 행할 수 있을 것이다.

우리는 왜 아파트를 좋아할까?

미국에서는 1972년 멀쩡한 아파트를 폭파 해체했다. 1954년 미국의 세인트루이스에 일본인 2세 건축가 야마사키 미노루가 설계한 지상 11층 43개 동 규모의 아파트 단지가 들어섰다. 당시로서는 최신식 기술과 재료가 동원된 당대 최고의 아파트였다. 1958년 미국 건축가협회 상을 받기도 했지만, 이 건축물에서는 자주 사회문제가 발생했다. 단지 내 곳곳에서 범죄가 발생했고, 시설물이 자주 훼손됐다. 그리고 결정적으로 주민들 사이에 소통이 이루어지지 않아 삭막했다. 결국 1972년 텔레비전으로 그 폭파 장면이 생중계되며 아파트는 사라졌다.

서양에서 아파트의 전통은 아주 오래됐다. 일찍이 도시가 발달한 로마에서는 B.C.전후 이미 7층 아파트가 있었다. 아파트는 유럽 역사에서 확인되는 집단주의 속성이 강한 건축이다. 그런데 자유분방하게 살아온 우리가 이를 덥석 받아들여 살고 있다. 물론 우리식으로 해석해서 사용하고 있다.

269

주택유형별 세대수(housing type)						
주택유형 / 세대수 합계	단독주택	아파트	연립주택	다세대 주택	비거주용 건물 내 주택	주택이외의 기치
17,733,831 (전국)	7,022,466	8,308,021	522,836	1,273,229	292,818	314,460
3,622,859 (서울)	1,379,855	1,463,452	143,719	450,672	110,264	74,897

　우리의 주거형태로서 아파트 비중은 국토교통부의 통계연보에 의하면 2012년 말 서울을 기준으로 40%정도다. 다른 건물 유형을 제외하면 아파트가 세대수에 있어서 단독주택보다 많은 수를 차지하고 있다. 통계로 보면 아파트와 단독주택의 비율은 전국적으로도 유사하게 나타난다. 아파트가 이렇게 많지만, 아파트 비율은 여전히 늘어나는 추세다. 정부의 주택정책이 아파트 위주로 진행되기 때문이다. 그러나 수요자가 선택하지 않았으면, 이 정도로 많은 아파트가 공급될 수 없었을 것이다. 우리 국민이 이토록 아파트를 사랑하는 까닭을 알자면 우리 주거문화를 이해하는 방법밖에 없다.

　우리가 아파트를 선호하는 첫 번째 이유는 편리함이다. 현재를 기준으로 전통한옥을 보면 너무 불편한 집이지만, 20세기 이전을 기준으로 보면 한옥보다 더 편리한 집을 만나기 어렵다. 겨울에는 따뜻하고 여름에는 시원하다. 일단 건축비용이 적게 들어갔다. 그리고 겨울에는 따뜻한 물을 쓸 수도 있었다. 구들이라는 난방장치가 있어서 집 안에 연기가 없고 신발을 벗고 살기 때문에 깨끗했다. 여기에 결코 포기할 수 없는 가치가 있었는데, 바로 구들의 열효율이다. 구들의 열효율을 아는 민중은 이 구들을 쉽게 포기할 수 없었다. 왜구가 수시로 침입하는 남쪽에 중정형 돌집을 지었다면, 설령 왜구가 침탈해 들어와도 관군과 연락하면서 견뎌내고 왜구를 물리칠 수 있었을 것이다. 그러나 이 편한 한옥을 포기하지 않았다. 목숨을 걸고 편하게 산 셈이다. 그러니 아파트의 편리함은 결코 포기할 수 없을 것이다. 더군다나 아파트에 살면 이 꼴 저 꼴 안 볼 수 있다. 똑같은 물건인 아파트를 서양 사람과 전혀 반대로 해석하여 사용하는 중이다.

여기에 추가하면, 건물과 마당이 반복되는 한국의 아파트는 한옥과 매우 유사하다. 구들처럼 바닥난방을 하고, 아파트의 평면도 전통한옥의 겹집과 유사하다. 한옥은 창과 문이 넓고 많았는데, 아파트도 창이 넓고 많다. 그러고 보면 아파트는 우리 민족이 살아왔던 한옥을 많이 닮아 있다. 그래서 넓게 보면 아파트도 한옥의 범주에 들어올 수 있다. 마당을 중심으로 어우러지던 문화는 아파트에서 공동생활을 통해 어느 정도 충족이 가능하다. 아이를 중심으로 아파트에 이웃을 만드는 식이 그런 것이다. 이는 마당을 중심으로 한 마당 문화이기도 하다. 모여 살다 보니, 옛날 마당에서 마을 사람들이 정보를 주고받듯 자식들의 교육에 관한 정보도 나누기가 쉽다.

우리는 사람을 만나면 아주 세세하게 묻는다. 너는 어느 지역 어느 학교 출신인지. 부모님 본은 어딘지 직업은 무엇인지. 그 사람이 한솥밥인지 아닌지를 확인하는 것이다. 이런 행동문화는 우리 문화에 익숙하지 않은 사람이라면, 무례하다고 느낄 만하다. 이런 문화를 중화시키고 있는 것이 아파트 문화다. 그래서 개인적으로 아파트를 반대하지 않는다. 다만, 너무 많은 아파트가 도시를 덮으면서, 건축에서 관념을 만들지 못한 우리 처지가 마음 아플 뿐이다. 실제 너무 많은 아파트는 우리 사회에 재앙으로 다가올 수 있다. 여전히 우리는 먼 시간을 보지 못하고, 오늘에만 머문다. 장기적인 안목이 절실하게 필요하다.

집은 인간을 물리적으로 구속한다는 점에서 인간에게 끊임없는 사유의 단초를 제공한다. 이미 앞에서 본 것처럼 우리가 어떤 집에서 사느냐에 따라서 다른 행동을 하고, 다른 생각을 하는 것이 너무 당연하다는 점이다. 집을 짓는다는 것은 결국 앞으로 나의 기억을 준비하는 것이고, 나의 2세와 나아가 마을의 기억을 만드는 일이다. 집을 짓기 위해 편한 집만을 생각하면 안 되는 까닭이다. 집은 곧 우리 아이의 인격이 될 수도 있기 때문이다.

세계적인 건축가 르코르뷔지에 역시 건축에서 기하학적인 가치(철학)를 중시했다. 이에 비해서 우리는 집에 어떤 가치를 부여하는 데 익숙하지 않다. 집은 편하면 제일이라고 생각하는데, 이는 조금 위험할 수 있다. 집이 나를 어떻게 기억하게 만들지 2세에게는 어떤 기억을 줄 것인지 사회에는 어떤 기억을 도모할지 진지하게 생각할 필요가 있다.

캥거루의 집, 사람의 집

특별한 경험을 한 적이 있었다. 그날 거미는 거미줄에 걸린 잠자리를 포장(?)하고 있었다. 다가서는 필자를 감지한 거미는 하던 일을 멈추고 옆으로 피하더니, 잠시 뒤 슬며시 다가와 다시 포장을 시작했다. 하필이면 이때 재채기가 나오고. 위협을 느낀 거미는 멈칫하며 피하려다 마음을 바꿔 서둘러 포장을 끝낸다. 그리고는 포장된 먹이를 순식간에 엉덩이에 걸더니 도르래를 타듯 줄을 타고 은신처로 이동했다. 마치 사람이 짐을 꾸려 어깨에 이고 가듯 천연덕스러웠다. 위험을 감지하고 판단하는 합리성, 위험 속에서도 작업을 계속하려는 의지, 그리고 빠르게 먹이를 꾸려 은신처로 이동하는 종합적 판단능력까지. 나와 거미는 얼마나 다를까? 어디까지가 본능이고 어디까지가 이성일까?

철학자 베르그송은 여타 생명과 사람의 차이를 도구

를 통해 설명한다. 앞에서 잠깐 말했지만, 다른 생명은 몸을 도구로 다듬어 쓰지만 사람은 몸 밖에 도구를 만들어 쓴다. 이를테면 가재는 손을 가위로 만들지만, 사람은 가위를 만들어 손으로 쓴다. 이때 사람은 이성을 짐승은 본능을 이용한다는 것이 베르그송의 탁월한 직관이다. 사람의 도구 중 유별난 것이 집이다. 짐승은 자신과 자연 사이에 어떤 가공물도 두지 않는다. 곰은 기껏해야 자신의 피부를 털옷으로 바꿀 뿐이다. 그러나 인간은 자신과 자연 사이에 집을 세워 벽을 친다.

베르그송에게 생각이란 별 것이 아니다. 그에게 사유란 생명이 어떤 자극에 대응하는 과정이다. 사람은 이 과정이 매우 길다. 먹을 것에 반사적으로 반응하는 짐승과 이 음식을 먹으면 어디에 좋을까 궁리하는 인간은 다를 수밖에 없다. 결국 인간의 사유능력은 자연에 반응해 도구를 만들며 생겼는지도 모르겠다.

그런데, 이 탁월한 재능에는 한 가지 심각한 문제가 있다. 무언가를 만들자면, 대상을 고체로 분리해 나누어야 한다. 한없이 이어진 시간이나 바다로는 무엇도 만들 수 없다. 그래서 흐르는 물도 한 컵 두 컵 나누어 생각하고, 흐르는 시간도 한 시간 두 시간 나누어 덩어리로 만들어야 한다. 다른 생명은 자신을 변화시켜 세상의 흐름에 녹아들지만, 오로지 사람만이 세상의 흐름을 끊고 끊어진 재료로 도구를 만들고 흐름이 끊긴 자리에 도구를 둔다. 땅의 흐름에서 철광석을 분리해 자동차를 만드는 식이다. 생명을 흐름으로 파악하는 베르그송은 무엇이든 나누기만 하는 인간이 자칫 생명을 이해하지 못할까 걱정한다.

자연의 흐름이란 흐름을 모두 끊고 세워진 아파트는 고체 본능의 절정이다. 102호 103호. 한 컵 두 컵, 물을 세듯 건물까지 쪼개어 인식하는 인간은 나와 집과 자연이 하나로 이어지는 생명이라는 것을 깨닫기 어렵다. 이런 눈으로 보면, 이성에만 의지한 문화는 위험하다. 내 밖에 보이는 모든 것을 도구로 삼을 것이기 때문이다. 종국에는 사람도 나와 이어진 흐름이 아니라 내 밖에 있는 도구가 될 것이다. 미국에서 계속 금리인상을 단행하고 있다. 전 정부의 부양 정책으로 오르기만 하던 주택시장이 한풀 꺾이면서 주택 시장이 위태롭다는 전망도 나온다. 떨어지는 집값이 칼날이 되어 사람을 해칠까 두렵다. 우리가 이런 걱정을 하게 된 것은 집을 생명의 흐름에서 떼어내 오로지 경제 도구로 다룬 때문이다.

사람들은 짐승에게도 인간과 같은 집이 있다고 착각한다. 아닌 게 아니라 캥거루 배에 달린 아기집과 나뭇가지에 걸린 새 둥지가 때로 집처럼 보이기도 한다. 그러나 인간이 아닌 어떤 동물의 집도 자연과 생명의 흐름 속에 있다는 점에서, 사람의 집 아파트와 전혀 다르다. 더구나 프리미엄이라니! 내가 한옥을 자랑스럽게 여기는 까닭은 전통한옥에는 자연과 이어진 생명의 흐름이 있기 때문이다. 한옥은 생명을 쪼개는 어떤 것에도 반대한다. 올해부터는 주택이 단순한 경제정책의 수단이 아니라 생명이 흐르는 곳으로 여겨지기를. 그래야만 우리는 고립으로 시들지 않을 수 있다.